KB187035

오바마처럼 연설하고
노무현처럼 공감하라

오바마처럼 연설하고
노무현처럼
공감하라

윤범기 지음

P 필로소픽

차 례

왜 오바마, 노무현인가?

이 책은 2020년에 나온 《나만의 연설문을 써라》의 개정판이다. 대개 개정판을 낸다고 하면 그간의 새로운 내용을 보충해 분량을 늘리기 마련인데, 나는 줄이는 쪽을 선택했다. 당시엔 좋은 연설로 여겨졌지만 시간의 무게를 이기지 못한 연설들을 덜어내기로 했다. 안철수 씨와 유승민 씨의 연설은 당대 정치권에선 좋은 반응을 얻었지만 국민들의 마음 속에 자리잡지 못했다. 트럼프 대통령의 국회 연설이나 문재인 대통령의 취임 초 연설들도 명문장으로 '역대급'이란 찬사를 받았지만 지나고 나서 보면 국민들에게 많이 기억되거나 충분히 회자되진 않고 있는 것 같다. 그래서 과감히 들어내기로 했다.

그간 좋은 연설이 없었던 것은 아니다. 고인이 된 노회찬 의원은 〈6411번 버스를 아십니까?〉라는 명연설을 남겼다. 고인의 정치철학과 서민들에 대한 따뜻한 애정이 느껴지는 좋은 연설이었다. 〈100분 토론〉의 '불판 발언' 등 유머로만 그를 기억한다면 그 연설을 꼭 찾아보기 바란다.

이재명 더불어민주당 대표는 지난 2016년 촛불집회가 탄생시킨 또 하나의 연설 스타다. 레이저 눈빛을 쏘던 막강한 현직 대통령의 위세 앞에서 "대통령은 국민의 머슴일 뿐"이라고 외친 그의 호소는 많은 촛불 시민들의 가슴에 불을 당겼다.

이준석 전 국민의힘 대표가 대구 전당대회에서 한 연설도 기념할 만 하다. 보수의 심장인 대구에서 "박근혜 대통령의 탄핵은 정당했다"고 외친 대구 연설은 젊은 정치인이 연설을 통해 국민에게 메시지를 던지는 모범 사례라 할만 하다. 아직 젊은 이 전 대표가 더 좋은 연설로 한국정치에 많은 기여를 해주길 기대한다.

이 밖에 고 백기완 선생이 살아 생전에 한 〈이봐, 이명박이, 나 백기완이야〉라는 연설과 이동학 전 더불어민주당 최고위원이 청년위원장 선거에서 한 연설도 기억할 만하다. 노년의 지혜로움과 청년의 기백이 느껴지는 명연설들이다. 모두 내가 운영하는 '다준다연구소' 유튜브 채널에 따로 분석 영상을 올려뒀다. 관심 있는 분들이라면 한번씩 찾아서 들어보시길 추천드린다.

하지만 개정판의 책 제목에서 특별히 오바마와 노무현을 언급한 것은 역시 그들이야말로 이 시대의 '레전드'이고 고전이기 때문이다. 2016년에 임기를 마친 오바마 전 대통령은 얼마전 《약속의 땅》이란 자서전을 출간하며 여전히 활발히 활동하고 있다. 그를 만든 2004년 전당대회 연설은 그야말로 정치 신인 연설의 백미라 할 수 있다. 총선에 출마하고자 하는 정치 신인이라면 그의 연설을 꼭 공부하고 자신의 출판기념회나 선거사무실 개소식 연설 때 활용해보길 추천한다.

노무현 대통령이 남긴 연설들은 또 어떤가? 그의 서거 이후에도 우리는 여전히 긴 '노무현 시대'를 살고 있다. 그가 남긴 정치는 계승

해야 할 점과 청산해야 할 점이 뒤섞여 아직 후대의 평가를 기다려야 한다. 하지만 그의 연설들은 별처럼 살아남아 아직도 좋은 정치를 꿈꾸는 이들에게 지표가 되고 있다. 유튜브라는 플랫폼이 누구나 클릭 한번으로 그의 연설을 다시 들을 수 있게 해주는 것도 우리에겐 큰 행운이다.

세상이 바뀔 거라는 희망이 안 보여 답답하고 괴로울 때 누구나 '노무현, 연설'이란 키워드로 그를 소환해보라. 램프의 지니처럼 되살아난 그는 아직도 펄펄 끓는 열정으로 '역사'와 '정의'를 외치고 있다.

내 인생의 첫 2쇄이자 개정판을 낼 수 있게 허락해준 출판사 필로소픽에도 특별한 감사를 표하고 싶다. 3년만에 겨우 1쇄가 다 팔린 책을 다시 내줄 결심을 한 것은 어려운 출판시장의 상황을 고려하면 큰 모험일 것이다.

그럼에도 불구하고 우리는 아직 더 해야 할 연설이 남아있다. 대한민국의 현대를 대표하는 레전드 연설문은 아직 나오지 않았다. 당신이 그 주인공이 될 수도 있다.

2023년 12월 17일 한남동 자택에서
윤범기

내 인생의 연설을
갖고 있나요?

누구나 '내 인생의 영화' 한 편씩은 마음에 품고 있을 것이다. 나는 고3 때 '썸을 타던' 여학생과 봤던 멜 깁슨 주연의 〈브레이브 하트〉가 떠오른다. 스코틀랜드 독립운동의 처절한 역사를 다룬 영화 내용도 좋았지만, 함께 영화를 봤던 여학생의 손을 처음 잡았을 때 느낀 그 떨림이 20여 년이 지난 지금도 가슴에 남아 있기 때문이다.

노래나 소설도 마찬가지다. 어쩌면 만화나 게임이 가슴에 남아 있을 수도 있다. 그렇다면 연설은 어떨까? 과연 그런 '내 인생의 연설'을 갖고 있는 한국인이 얼마나 될까? 대안대학인 신촌대학교에서 '세상을 바꾼 연설학과'라는 강좌를 진행하며 수강생들에게 물었다. 누군가는 오바마 대통령이 총기난사 희생자들을 추모하는 찬송가를 직접 노래해 화제가 된 "어메이징 그레이스" 연설을 꼽았고, 누군가는 마틴 루터 킹의 "나에게는 꿈이 있습니다"를 꼽기도 했다. 스티브 잡스의 "항상 배고프고 어리석으라"는 유명한 졸업식 축사를 언급하는 사람도 있을 것이다.

그렇지만 한국인의 연설을 꼽는 이는 많지 않다. 기껏해야 일제시대 몽양 여운형 선생이 했다는 연설 정도가 언급됐다. 이 정도면 엄청난 '역사 마니아'가 아니면 나오기 어려운 답변이다. 우리는 연설이란 소통의 수단을 잃어버린 지 오래다. 어쩌다 이렇게 됐을까?

나는 연설 마니아다. 그냥 연설을 즐겨 듣는 정도가 아니라 아예 스스로 연설대회를 주최하기도 한다. 청년 여행작가인 정상근 작가가 운영하는 '사람에게 배우는 학교'라는 청소년 진로교육 단체와 함께 '대한민국 청소년 연설대전'이란 행사를 10여 회 이상 진행했다. 2014년 1월, 1회 차를 시작으로 여름방학과 겨울방학마다 한 달씩 대회를 개최했고, 매년 나의 여름휴가와 겨울휴가를 청소년 연설대전 첨삭 기간에 잡았다. 청년들을 대상으로는 '대한민국 청년 연설대전'이란 행사를 2013년부터 총 4회 국회에서 개최했다. '대한민국 주부 연설대전', '대한민국 대학생 연설대전', '안양시 청년연설대전', '용산구 청소년 연설대전' 등 지역과 대상을 불문하고 연설대전을 개최하고 있다. 또 '신촌대학교', '이태원대학교' 등 지역의 대안대학에서 연설 강좌 개설을 통해 지역사회로도 연설교육을 확대하고 있다.

나는 학부 때부터 정치학을 전공했다. 학부 5년, 대학원 2년을 다니고 공군사관학교에서 교수요원으로 3년간 정치학을 가르쳤다. 하지만 연설을 배워본 적은 단 한 번도 없었다. 정치학에서 연설이란 분야가 사라진 지 오래다. 민주주의의 모태인 고대 그리스에서 연설교육은 '레토릭rhetoric'이라고 불리며 중요한 학문 분과로 자리 잡았다. 레토릭은 지식인, 교양인, 소피스트 등 그 당시 정치인이나 지식인이 되기 위한 필수 코스였다. 하지만 현대 정치학에선 분과 학문 체계가 분화되는 과정에서 정치학이 세분화되며 연설 분야가 빠졌다. 정치학에는 선거, 의회, 정당 등의 제도 분야만 남았다. 마키아벨리가《군주론》에서 강조했던 국가 지도자의 리더십이나 전략적 사고, 연설 등의 분야는 이제 정치학에선 볼 수 없다. 이른바 '경제학 제국주의'라는 통계 위주의 사회과학 방법론이 유행하며 요즘 대학의 정치학과나 정치외교학과에선 연설을 가르치는 교육과정을 찾아볼 수 없게 됐다.

하지만 나는 20대 내내 10년간 정치학을 공부하며 개인적 호기심에서 연설에 관심을 갖게 됐다. 후에 설명하겠지만 학부생과 대학원생 시절 선거운동에 뛰어들어 유명 정치인들의 연설을 직접 들을 기회가 많았다. 학생회 활동을 하면서 동기나 선후배의 대중연설도 종종 들었다. 학부 2학년 때는 김대중 대통령의 선거운동을 했고, 대학원 2학년 때는 노무현 대통령의 선거운동을 도왔다. 그런 선거운동 과정에서 자연스레 연설을 접했다. 또한 정치사에도 관심이 많아 역사적인 명연설도 탐독했다.

좋은 연설은 분명 우리에게 어떤 울림을 준다. 그런데 우리나라에서는 더 이상 연설을 가르치지 않는다. 이 지점에서 문제의식을 갖게 되었다. 연설대회를 개최하고 정치사를 공부하며 역사 속 명연설 주인공들에 관해 이런저런 지식을 쌓아왔다. 또한 한동안 화제가 됐던 강원국 작가의《대통령의 글쓰기》등 연설문 관련 저서와 강의도 참고했다. 특히 오바마 대통령의 연설을 나에게 알려준 최욱림 후배의 강의가 큰 도움이 됐다.

이렇게 핵심을 잡고 연설 콘텐츠를 구상했다. 이를 바탕으로 대안대학인 신촌대학교와 이태원대학교에 '세상을 바꾼 연설학과' 강좌를 개설했다. 연설을 배우고 가르칠 수 있는 장을 만든 것이다.

이 책에는 그런 나의 연설에 대한 집념이 반영됐다. 과거 연설을 다룬 책들은 유명한 정치인의 연설문을 모아서 편집했거나 주로 서양의 인물들의 연설을 분석하는 데 그쳤다. 하지만 21세기에 등장한 오바마 대통령뿐 아니라 한국의 역대 대통령들의 연설문을 분석하는 본격적인 시도는 아직 없는 것으로 알고 있다.

김대중, 노무현, 문재인 등의 인물도 시간이 흐르면 역사 속의 중요한 행위자로 후대에 기억될 것이며, 이들의 연설 또한 귀중한 사료로서 분석과 연구의 대상이 될 것이다. 이 책은 후세의 역사가들이 이들의 연설에 대한 연구를 시작할 때 참고가 될 선행연구이다. 또한 연설을 처음 접하는 사람들을 위한 실제적인 가이드북이기도 하다.

대한민국이란 공론장에 데뷔를 앞둔 나와 같은 동료 민주주의자들에게 하나의 작은 '무기'를 선물하는 마음으로 이 책을 내놓는다.

2020년 1월 한남동 자택에서
윤범기

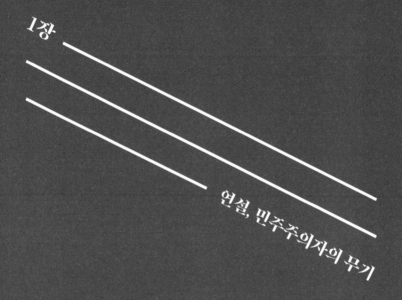

1장

연설, 민주주의자의 무기

연설은 민주주의자의 무기이며, 대중을 설득하는 말하기다.

민주주의자의 무기: 연설

연설은 공연이다. 공연의 핵심은 준비된 무대에 있다. 즉, 준비해서 말하는 일종의 퍼포먼스다. 하지만 일반적인 연설에 대해서는 대부분 부정적이다. 회사의 회식자리를 떠올려보자. 부장님이 일어선다. 모두 잔을 들고 '한 말씀'을 기다린다. 부장님의 모두발언은 요점 없이 주저리주저리 이어지고 팔이 아픈 직원들은 하나씩 잔을 내려놓기 위해 눈치를 보기 시작한다. 그러면서 속으로 생각한다. '저 양반 또 연설하고 있네.'

하지만 그런 부장님의 말하기는 연설이 아니다. 생각나는 대로 말하는 장광설에 불과하다. 참된 연설은 철저한 준비가 필요하다. 연설은 준비된 말하기다. 인간이 말을 이용해서 하는 공연이다. 다른 말하기와는 목적부터 다르다. 먼저 강의와 다르다. 일반적으로 강의의 목적은 지식 전달이다. 유튜브에 떠도는 대부분의 강의 역시 지식 전달이 목적이다. 내가 아는 지식을 상대방도 알게 하면 그걸로 강의의 목적은 완수된 것이다. 또한 인간이 목소리로 하는 대표적인 공연인 노래와도 다르다. 가수는 감동을 목적으로 노래를 한다. 카타르시스, 힐링 등 감정적인 공감을 일으키는 것이다. 그렇다면 연설의 목적은 무엇인가? 그것은 바로 '행동의 변화'다. 말하기를 통해 그 연설의 청중이 듣지 않았다면 하지 않았을 행동을 하게 하는 것이다. 즉, 상대방을 설득해 그가 이전에는 하지 않았을 행동을 하게 하는 것이 연설이다.

연설은 설득하는 말하기다. 일대일로 설득하는 말하기인 '토론'과 달리, 연설은 일대다로 대중을 설득하는 말하기다. 그래서 연설의 발표자는 한 사람이다. 청중은 두 명일 수도 수십 명일 수도 수천 명일 수도 있다. 이런 불특정 다수의 대중을 상대로 설득하는 말하기, 이것이 바로 연설이다.

그 때문에 연설은 강력한 힘을 발휘한다. 그 연설을 들은 사람들이 같은 생각을 갖고 함께 행동하게 만들기 때문이다. 그래서 좋은 연설은 그 즉시 세상을 움직일 수 있고, 다수의 사람들에게 영향력을 미칠 수 있다. 즉, 연설은 그 자체로 영향력이 되고 권력과 연결된다. 흔히 정치학에서 말하는 권력의 정의는 "A라는 행위자가 B라는 행위자의 의사에 반反하여 그가 스스로는 하지 않았을 행위를 하게 하는 것"이다. 즉, 연설은 권력의 수단이 된다.

그래서 나는 연설을 '무기'에 비유한다. 삼국지에 나오는 최강의 무장들은 모두 최고의 '시그니처' 무기를 보유하고 있다. 무신으로 추앙받는 관우는 80근짜리 청룡언월도를 항상 지니고 다녔다. 장비에겐 3미터에 육박하는 장팔사모가 있었다. 관우와 장비가 한꺼번에 덤벼도 당해내지 못했던 여포는 방천화극으로 수많은 적장의 목을 뺐다. 잠자던 여포가 조조의 병사들에게 생포당했을 때, 병사들은 먼저 방천화극부터 치웠다.

박정희나 전두환 장군이 정권을 탈취할 때 그들도 자신들의 무기에 의존했다. 그것은 총과 탱크였다. 재벌이 세상을 자기 뜻대로 움직이려고 할 때도 자신들의 무기에 의존한다. 삼성이 최서원(개명 전 최순실) 씨의 딸에게 구입해준 말도, 낙하산 관료와 전관예우 법조인들을 유혹하는 고액 연봉도 모두 그들의 강력한 무기였다.

그렇다면 우리 민주주의자들의 무기는 무엇인가? 오로지 말과 글이다. 말과 글로 상대방을 설득해 나와 같은 생각을 하고 같이 행동하게 만드는 것, 이것이 바로 민주주의자의 유일한 무기다. 과거 정치학과엔 '정치발전론'이란 과목이 있었다. 정치가 우상향하는 직선처럼 후진국에서 선진국으로 발전한다는 이론이었다. 하지만 우리가 직접 경험한 민주주의는 민주화 이론에서 말하듯 직선처럼 발전하는 것이 아니었다. 민주주의 상태는 좋아졌다 나빠졌다를 반복하며 들쑥날쑥한다. 민주주의 공론장에 어떤 말과 글이 제출되느냐에 따라 그 민주주의의 수준이 높아지기도 하고 낮아지기도 한다.

오바마의 미국과 트럼프의 미국을 비교해보면 확연히 알 수 있다. 오바마 집권 시기의 미국은 높은 민주주의 수준을 지닌 정치선진국으로 보였다. 그러나 트럼프 집권 후의 미국은 전혀 다른 나라처럼 보인다. 트럼프의 매춘부 섹스 스캔들 등의 저급한 말과 행위로 미국의 공론장이 채워지고 있다. 오바마 이전에 부시 정부도 마찬가지였다. 결국 그 나라의 공론장이 어떤 말과 글로 채워지냐에 따라 그 나라의 민주주의 수준이 결정된다. 우리가 대한민국의 민주주의 수준을 높이기 위해 끊임없이 말과 글을 훈련해야 하는 이유다. 그런 과정을 거쳐야 민주주의의 수준을 발전시키고 유지해나갈 수 있다.

우리나라가 민주주의를 도입한 지도 벌써 70년이 됐다. 그런데 우리나라 교육에는 이런 과정이 빠져 있다. 우리나라는 그간 중학교까지 의무교육을 실시해왔다. 그러니 중학교만 졸업해도 주권자로서, 대한민국의 국민으로서 모든 권리를 행사할 수 있어야 한다. 그런데 중학교는 물론이고 고등학교 교육과정에서도 제대로 된 말하기, 글쓰기 교육을 찾을 수 없다. 국어수업이 있지만 문학이나 문법 위주다. 논술로 글쓰기 교육을 도입할 것으로 기대했지만 사교육 시장확대 등 여러 부작용으로 결국 대입에서 논술시험이 폐지되거나 축소됐다. 우리나라 국어 교육의 실패다.

대학을 가도 마찬가지다. 국민의 80퍼센트가 대학을 나왔지만 대학에서 말하기나 글쓰기를 제대로 배운 적이 있는가. 대학교 전공 수업 시간에 논술로 시험을 치기도 하지만 대부분 정답을 외워서 쓰는 수준이다. 나만의 생각을 정리해서 상대방을 설득하는 글쓰기를 해본 적이 없다. 우리는 제대로 된 말하기와 글쓰기를 배우지 못한 채 세상으로 내던져진다.

문제는 이런 교육을 받아본 적이 없는 사람들이 글을 쓰고, 정치를 하는 데 있다. 이런 상황에서는 우리 민주주의 수준이 낮아진 채로 유지될 수밖에 없다. 연설을 배우는 것은 말과 글을 교육하고 훈련하는 과정이다. 따라서 민주주의 사회에서 연설은 더욱 중요한 가치를 지닌다.

21세기 명연설가, 오바마

연설의 중요성을 잘 보여주는 21세기의 대표적 인물이 바로 버락 오바마 전 미국 대통령이다. 오바마는 2004년 미국 민주당 전당대회 때 혜성처럼 등장했다. 당시 오바마는 일리노이주 상원의원이었다. 우리나라로 치면, 도의원 혹은 시의원쯤 될 것이다. 여기서 우리 지역의 시의원이나 구의원의 이름을 한번 떠올려보자. 기억에 남는 의원이 있는가? 우리 동네 국회의원도 잘 모르는데, 하물며 시의원이나 구의원의 이름을 누가 알겠는가. 오바마도 마찬가지였다. 당시 민주당 전당대회에 참석했던 10만 명의 핵심당원 중 오바마를 아는 사람이 과연 얼마나 됐을까. 당원도 아닌 일반 시청자들은 분명 그의 존재조차 알지 못했을 것이다.

오바마는 자신의 대선 출마 구상을 담은 책《담대한 희망》의 에필로그에서 이 연설에 관한 뒷이야기를 풀어났다. 4년 전의 민주당 전당대회에서 오바마는 대의원도 아니었기 때문에 전당대회 참석 권한조차 얻지 못한 채 대회장 밖의 대형 스크린을 통해 연설을 지켜봐야 했다. 그랬던 정치신인 오바마가 2004년에는 민주당 전당대회에서 기조연설자로 선정돼 15분간 연설할 기회를 얻는다. 그는 기가 막히게 이 기회를 잘 활용했다. 당시 전당대회 현장에는 약 10만 명의 민주당 당원이 있었다. 또한 이 연설은 C-SPAN이란 케이플TV 생중계로 전파를 타면서 뉴스로 보도가 되고, 유튜브 클립으로도 화제가 되었다. 전 세계인이 그의 연설을 지켜봤다. 오바마는 무명 정치신인에서 이 연설 한 번으로 일약 세계적인 정치 스타가 됐다. 당시 민주

당이 선출한 대선후보 존 케리, 부통령 후보 존 에드워즈보다 기조연설자였던 오바마가 더 유명해진 것이다.

오바마는 이 연설이 있은 2년 뒤, 연방 상원의원 선거에 출마해 당선됐다. 그리고 4년 뒤, 2008년 대선에서 미합중국 대통령에 당선된다. 우리나라로 치면, 무명의 지방의원이던 정치신인이 촛불집회 무대에서 연설해 화제가 되고, 다음 총선에 당선돼 국회의원이 된 것이다. 더 놀라운 것은 초선의원이 된 데 이어 다음 대선에 곧바로 출마해 또 당선된 셈이다. 오바마는 심지어 2008년 당선 직후 노벨평화상까지 수상한다. 엄청난 고속 출세가 아닐 수 없다.

노벨평화상을 탄 한국인은 지금껏 김대중 대통령이 유일하다. 김대통령은 40년간 정치를 하며 몇 번의 죽을 고비를 넘기고 북한과 목숨을 건 남북정상회담까지 성사시킨 후 노벨상을 수상했다. 그렇다면 고속으로 대통령에 당선된 오바마는 어떤 일을 했기에 노벨상까지 수상할 수 있었을까?

물론 오바마는 2016년 퇴임 시점에 많은 업적을 쌓았다. 동성 결혼의 합법화, 쿠바와의 관계 정상화, 이란 핵 협상 타결, '오바마 케어'라는 의료보험체계 수립 등 적지 않은 변화를 일궈냈다. 그런데 2008년 노벨평화상 수상 당시로 돌아가면 이야기가 달라진다. 취임 초기였고, 사실 이렇다고 할 만한 업적도 없었다. 노벨상 위원회는 오바마가 이집트 카이로에서 '핵 없는 세상을 만들어야 한다'는 주제로 연설한 사실을 수상 이유로 들었다. 결국 오바마는 연설만으로 노벨상을 탄 것이다. 이게 바로 연설의 힘이다. 오바마의 유일한 무기는 연설이다. 21세기 연설의 힘을 가장 잘 증명한 대표적 정치인은 단연 오바마다.

20세기 최고의 연설 귀재, 히틀러

21세기의 대표 연설가가 오바마라면 20세기를 대표하는 연설가로는 누구를 꼽을 수 있을까? 케네디, 처칠, 드골, 루스벨트? 모두 훌륭한 명연설가다. 하지만 단 한 명을 꼽는다면 단연 아돌프 히틀러다. 앞에서 언급한 이들은 모두 히틀러로 인해서 역사 속 역할을 부여받은 사람들이다.

나치 지도자로 떠오르기 전, 히틀러의 직업은 화가 지망생이었다. 지금으로 치면 예체능계 출신 청년백수나 다름없다. 그림을 그리긴 했는데 썩 잘 그리는 편은 아니어서 화가로서 성공하지는 못했다. 제1차 세계대전이 발발했을 때, 그는 오스트리아 병사로 참전했다. 전

쟁 중에 생화학 무기 공격을 당해 후방 야전 병원으로 이송됐고 이곳
에서 종전을 맞았다. 십자훈장으로 유공을 인정받지만, 전쟁 후 닥친
불황 속에서 상이군인이자 청년백수가 됐다.

이후 전 세계적으로 대공황이 닥치고, 그도 예외 없이 생활고를 겪
는다. 독일로 떠난 그는 조그만 호프집에서 모이는 작은 정치서클에
들어갔고 거기서 뛰어난 언변으로 당 활동을 권유받는다. 그 당의 이
름이 '민족사회주의당', 바로 나치다. 히틀러는 나치당의 일원으로 정
치에 참여하기 시작한 후 뛰어난 언변 덕분에 당의 리더가 된다. 바
이마르 공화국 말기의 혼란을 틈타 출마도 한다. 나치당은 0.1퍼센
트의 미미한 지지율로 시작한 군소정당이었으나 점차 지지율을 올리
며 급기야 30퍼센트까지 지지를 끌어낸다. 선거를 치를 때마다 나치
의 세력은 커졌고, 마침내 원내 제1당으로 성장해 연정을 꾸려 집권
에 이른다.

나치당이 이처럼 성장할 수 있었던 원동력은 히틀러의 연설이었

다. 그가 연설을 할 때마다 청중이 구름처럼 모여들었다. 그의 연설 실력이 워낙 출중했던 터라 연설을 들은 대중들이 그 자리에서 나치 당에 가입할 정도였다. 비교를 하자면, 지난 미국 대선 당시 힐러리 가 연설을 하면 사람들이 별로 모이지 않았다. 이와 달리 트럼프가 연설을 하면 콘서트장을 방불케 할 정도로 많은 사람이 모였다. (그런데 언론에서 이런 현장의 분위기를 제대로 보도하지 않아서 외부에 크게 알려지지 않았다.)

아무튼 상대 당이 히틀러의 연설을 어떻게 막을 것인가 고민할 정 도로 그의 연설은 뛰어났다. 심지어 히틀러의 연설을 금지하는 법안 을 만들려는 시도까지 있었다고 한다. 그만큼 방해공작이 심했다. 상 대 당이 두려워할 만큼 그의 연설은 대중을 매료하는 힘이 있었다.

히틀러는 연설을 무기로 정치판에서 폭풍성장을 한다. 연정을 거 쳐 마침내 총리에 오른다. 당시 독일 바이마르 공화국의 대통령은 제 1차 세계대전의 영웅이었던 파울 폰 힌덴부르크Paul von Hindenburg였 다. 그런데 그가 임기 중 노환으로 사망하자 총리였던 히틀러가 대통 령직을 겸하게 된다. 총리이자 대통령을 겸하는 총통으로 취임한 것 이다. 그때부터 히틀러는 백색테러로 정적을 살해한다. 자신을 반대 하는 나치당의 참모들까지 제거하면서 극단적 독재체제를 구축했다. 그런데 이 과정에서 주목할 점은 히틀러가 쿠데타로 집권한 게 아니 라는 점이다. 젊어서 '맥주홀 폭동'이라는 쿠데타를 시도하긴 했지만 그것은 바로 진압되었다. 이 때문에 투옥 당시《나의 투쟁Main Kampf》 이라는 책도 저술했다.

출옥 후 정계로 복귀한 히틀러의 집권은 철저히 민주주의와 선거를 통해 이루어졌다. 그는 유권자의 지지를 착실히 결집해가면서 집권을 강화했다. 그렇게 집권한 히틀러가 무엇을 했을까? 바로 제2차 세계대전을 일으켰다. 유태인을 학살하고, 1억 명이 넘는 인구를 죽음으로 내몰았다. 그에게 맞서 싸우기 위해 처칠과 루스벨트, 드골이 연설을 했고, 젊은 시절의 케네디는 장교로 태평양 전쟁에 참전했다. 20세기 정치 영웅들의 등장 배경이다.

일본도 태평양 전쟁에 참전했고, 진주만을 기습 침공했다. 이어 일본은 미국의 핵 공격을 받았고 우리나라는 독립했다. 결국 20세기 세계 역사의 격변은 히틀러의 연설로부터 시작된 '나비효과'라고 할 수 있다. 연설의 힘은 이렇게 막강하다. 히틀러 개인은 총을 잘 쏘거나 칼을 잘 다루는 사람이 아니었다. 그저 청년백수에 불과했다. 그랬던 사람이 오로지 연설 하나로 20세기 역사를 들었다 놨다 한 것이다. 대한민국의 독립이 히틀러와 무관하지 않다는 점에서, 히틀러의 연설은 지금 우리 모두의 인생에도 영향을 준 셈이다.

연설은 다스베이더의 광선검

연설을 배우고자 하는 사람은 먼저 선의善意를 가져야 한다. 마치 영화 〈스타워즈〉에서 아나킨 스카이워커가 어둠의 힘에 물든 후 악당 다스베이더가 된 것처럼 연설을 악용하면 히틀러와 같은 끔찍한 결과를 불러일으킬 수도 있다. 하지만 더 나은 세상을 만들려는 선한 의지를 가진 사람이 연설을 배우면, 다스베이더의 아들 루크

스카이워커처럼 세상을 구하는 영웅이 될 수 있다.

그 때문에 연설을 통해 세상에 좋은 영향력을 끼치겠다는 마음이 필요하다. 개인적 이득이나 욕망을 충족하기 위해서 혹은 권력만을 추구하기 위한 목적으로 연설을 배운다면 매우 위험하다. 선한 의지로 세상을 밝고 아름답게 하겠다는 자세가 있어야 좋은 연설가가 될 수 있다. 아직 어린 청소년들에게 연설을 가르칠 때마다 빼놓지 않는 말이다.

사라진 연설문화

많은 사람이 인상 깊은 연설로 외국 사례를 주로 꼽지만 우리나라에도 대단한 연설문화가 있었다. 물론 최근에는 좋은 연설을 찾기 어렵지만 시간을 거슬러 국회의원 시절의 김대중을 기억해보자.

다음은 1969년 신민당이 주최한 효창공원 3선 개헌 반대 연설대회의 현장 사진이다. 이 자리에서 김대중은 박정희 대통령의 3선 개헌 추진에 반대하는 유명한 연설을 했다. 그런데 사진을 자세히 보면 김대중의 앞에 있는 검은 점들이 모두 사람의 머리다. 지금으로선 정당 연설회에 모인 사람들이라고 믿기 어려울 정도의 인파가 모였다.

이런 사진이 찍히려면 도대체 몇 명이나 필요할까? 주최 측 추산이라서 확실하진 않지만 당시 신민당은 약 30만 명으로 발표했다. 웬만한 지방도시의 인구에 해당하는 숫자다. 한 도시의 전체 인구가 한자리에 모여서 연설을 들은 셈이다. 1987년 정치활동 금지가 풀린 김대중이 정계에 복귀했을 당시, 그의 연설을 듣기 위해 광주나 서울 보라매공원에 모인 청중이 100만 명에 달한다는 이야기도 있

다. 그때 사진을 보면, 공원 구석구석에 사람들이 꽉 차 있다. 이런 진
풍경은 1990년대까지도 볼 수 있었다. 김대중, 노무현 대통령의 시
대까지만 해도 우리나라에 이런 연설문화가 있었던 것이다. 노무현
대통령도 유튜브를 검색하면 전당대회나 국민경선 당시의 연설을 쉽
게 찾을 수 있다.

연설문화를 없앤 오세훈 선거법

　　그런데 왜 오늘날에는 이런 연설문화가 사라졌을까? 지금 우리
나라의 정치권에선 연설을 하는 문화도 듣는 문화도 거의 찾아보기
힘들다. 물론 연설 자체가 아예 없다는 말은 아니다. 연설이 정치 과
정에서 중요한 기능을 하지 못한다는 뜻이다. 하지만 미국은 여전히
연설이 정당의 후보 선출과 정치인의 성장 과정에서 중요한 기능을

하고 있다. 그렇다면 우리나라에선 왜 이런 현상이 벌어졌을까? 한 마디로 제도가 바뀌었기 때문이다.

2003년에 일명 '오세훈 선거법'이 국회를 통과했다. 오세훈 전 서울시장이 초선의원 시절에 대표 발의해 흔히 '오세훈 선거법'이라고 불린다. 이 법은 다양한 정치관계법을 바꿔놓았다. 정치자금법도 예로 들 수 있다. 이는 故 노회찬 의원이 작고한 배경이기도 하다. 당시 한나라당의 소위 '차떼기 사건'으로 개정된 정치자금법은 단체가 아닌 개인만 정치자금을 후원할 수 있게 제한했다. 즉, 단체의 후원은 무조건 불법 정치자금이 된 것이다.

'드루킹 사건'으로 불리는 경제공진화모임, 이른바 '경공모'라는 단체에서 노 의원이 강연을 하고, 강연료를 받은 것이 문제가 됐다. 만약 개인 명의로 분할해 회계 처리를 했다면 문제가 되지 않았을 사안이지만, 당시 노 의원은 총선에 출마하기 위한 경선과 단일화 등의 정치 활동으로 바빠서인지 그 과정을 빠뜨리는 실수를 저질렀다. 사건을 조사하는 과정에서 검찰이 노 의원의 이 강의료를 불법 정치자금으로 보고 의혹을 제기하면서 문제가 된 것이다.

우리의 주제인 연설로 돌아와서 '오세훈 선거법'이 선거 과정을 어떻게 바꾸었는지 보자. 이 선거법은 선거 시기에 이루어지는 옥내와 옥외 집회를 모두 불법화했다. 즉, 선거 때 후보자가 하는 연설 모임을 모두 불법화한 것이다. 다음 사진은 과거 국회의원 선거의 합동연설회 현장이다. 과거에는 총선을 치르면, 선거관리위원회가 해당 지역의 학교 운동장을 빌려 후보 합동연설회를 개최했다. 따라서 국회의원에 출마한 후보들은 누구나 사실상 의무적으로 연설을 해야 했다. 그런데 오세훈 선거법은 이런 합동연설회를 전면 금지했다. 미국에서 흔히 하는 타운홀 미팅 등의 실내연설회까지도 모두 법으로 폐지하고 금지했다.

연설을 왜 불법화했을까

당시 정치권은 왜 이런 결정을 한 것일까? 이는 오세훈 전 시장뿐만 아니라 노무현 정부 첫해의 조치여서 노무현 대통령의 정치개혁 업적으로도 평가되는 변화였다. 그 이유는 바로 '고비용 저효율' 정치의 주범으로 지목됐기 때문이다. 구체적인 예를 들어보자.

만약 김대중 대통령이나 김영삼 대통령과 같은 유명 정치인이 우리 동네에 출마했다면, 많은 사람이 합동연설회에 자발적으로 참석할 것이다. 그런데 인지도가 낮은 동네 국회의원이 연설을 한다면 어떨까. 늦잠 자기 딱 좋은 휴일에 군이 합동연설회장을 찾을 사람이 과연 얼마나 될까? 아마도 자발적으로 연설회장을 찾는 사람은 얼마 없을 것이다. 결국 후보 입장에서는 돈으로 청중을 동원할 수밖에 없었다.

그래서 흔히 그 지역의 가정주부들을 청중으로 동원했다. 예를 들어 일당이 8만 원 든다고 치자. 한 후보가 100명을 동원한다면 후보 1인당 800만 원의 비용이 든다. A, B, C 세 후보가 각 100명씩 모두 300명을 현장에 앉힌다. 더운 땡볕 아래 신문지로 모자를 만들고, 부채질을 하면서 현장에 앉아 있다. 추첨을 통해 뽑은 순서대로 후보들이 연설을 시작한다. 그리고 추첨에 따라 1번을 뽑은 A 후보가 먼저 연설을 한다. A 후보의 연설이 끝나면, 그가 동원한 청중은 열심히 박수를 칠 것이다. 그러고 나서 다음 2번을 뽑은 B 후보가 연설을 시작하기도 전에 우르르 자리를 뜬다. 경쟁자의 연설에 앞서 김을 빼버리는 작전이다. 결국 마지막 순서의 후보는 덩그러니 자기가 동원한 청중만 앉아 있는 상황에서 연설을 해야 하는 웃지 못할 광경이 펼쳐진다.

마지막 후보자는 자신이 동원한 청중만 앉아 있는 상황에서 굳이 연설할 필요가 있을까. 이래서 합동연설회가 고비용 저효율 정치의 대표적인 예로 꼽혔다. 실내연설회도 마찬가지였다. 동원된 청중에게 강당의 화장실에서 흰 봉투에 담긴 일당을 몰래 나눠주거나, 참가한 모든 청중에게 고급 롤 케이크를 나눠주는 등 정당의 행사는 그야말로 돈 먹는 하마였다.

비용은 어디서 조달됐을까

그렇다면 이런 비용은 다 어디서 나왔을까? 이런 활동은 법적으로는 당연히 불법이다. 그 때문에 불법 정치자금에서 충당할 수밖에 없다. 당시만 해도 국내 정당에는 당비를 내는 당원이 없었으니 기업이나 재력가로부터 불법자금을 받아 당 행사 비용을 충당할 수밖에 없었다. 결국 구조적인 정경유착이 일어나는 배경이 된 것이다. 이를 제도적으로 막은 것이 '오세훈 선거법'이다.

이는 오세훈 선거법이라고 불리지만 노무현 대통령의 업적이기도 하다. 당시 여야가 합의해 없앤 것이기 때문이다. 원래 정치개혁은 어느 한 정당만의 힘으로는 불가능하다. 결국 이 법을 통해 정치인들이 당선되는 과정에서 연설을 할 필요가 없는 선거환경이 만들어졌다. 그래도 연설을 아예 안 하는 것은 아니지 않나 하는 의문이 들 수 있다. 물론 유세차 위에서 후보들이 하는 연설이 남아 있긴 하다. 그런데 솔직히 말해보자. 그 연설을 듣는 사람이 과연 얼마나 있을까? 유명한 스타 정치인이 지원 유세라도 온다면 상황이 조금 다르겠지만 무명의 지역 정치인의 유세차 연설을 굳이 가던 길을 멈추고 듣는 사람은 거의 없을 것이다.

나는 국회 출입기자로 2008년부터 다양한 유세 현장을 취재했고 수많은 유세차 연설 현장을 둘러봤다. 하지만 대부분 후보만 목청껏 소리를 지를 뿐 연설 내용에 집중하는 청중은 찾아보기 어려웠다. 연설은 일정 시간 기승전결을 가지고 청중을 설득해야 하는데 길거리 유세차 연설로는 이런 묵직한 메시지를 던질 수 없다. 결국 지나가는 청중을 향해 단순한 메시지만 반복하며 소리치다 끝난다. 유세차 연설은 기본적으로 좋은 연설을 할 수 없는 환경이다.

당내 경선이 있잖아

각 당의 후보를 선출하는 당내 경선도 마찬가지다. 2002년 새천년민주당이 노무현 후보를 대선후보로 선출할 때까지만 해도 모든 후보가 선거인단 앞에서 연설을 해야 했다. 그 과정에서 노무현의 "아내를 버리란 말입니까"와 같은 주옥같은 명연설이 쏟아졌다. 그때까지는 연설이 정치인을 검증하는 잣대로 기능했다.

그런데 국민경선이 끝난 후 이른바 '노풍'이 꺼지고 나자 상황이 돌변했다. 노무현 후보의 인기가 사그라들고 월드컵 열풍으로 정몽준 후보의 인기가 치솟자, 노무현과 정몽준 간의 후보단일화 정국이 펼쳐졌다. 대선의 시계는 째깍째깍 흘러가고 노무현과 정몽준 두 후보는 단일화를 위한 별도의 경선을 할 시간적 여유가 없었다.

또 결정적으로 선거법상 별개의 양당이 공동 경선을 할 수도 없었다. 결국 두 후보는 여론조사 결과에 따라 단일화하자는 방안에 전격 합의했다. 한 차례의 TV토론 후 여론조사 기관 두 곳에서 여론조사를 실시했다. 결국 이 희대의 '여론조사 경선'을 통해 노무현 후보로 단일화가 이루어졌고 이는 대통령 당선으로 이어졌다.

이후 정치권에서는 '여론조사 경선'에 대체로 긍정적인 평가를 내렸다. 번거롭게 당원들을 불러 모을 필요가 없는 데다, 당시 집권으로 이어지는 좋은 결과도 얻었기 때문이다. 여론조사 경선이 기술적으로 진보되고 효율적인 방법이라는 인식이 생긴 것이다. 이는 여야를 막론하고 한국 정치에 세계적으로도 유례를 찾을 수 없는 여론조사 경선이 도입된 결정적 배경이 되었다.

나는 2002년 새천년민주당이 도입한 국민경선을 소재로 대학원에서 석사 논문을 썼다. 당시만 해도 인터넷 여론조사의 반영 비율은 5퍼센트에 불과했다. 나머지는 다 오프라인 경선이었다. 이른바 '노풍'의 발원지가 된 2002년 광주 경선에서 노무현 후보가 얻은 표는 겨우 500여 표에 불과했다. 결국 후보를 검증해야 하는 당내 경선에선 득표수보다 유권자의 질이 중요한데, 여론조사 경선이 도입되고, 오세훈 선거법이 정착되면서 이런 정치 환경이 모두 폐지되었다. 이제 연설은 공직자를 검증하는 정치 과정에서 더 이상 영향력을 미치지 못하게 됐다.

일례로 우리가 최근 경험한 지방선거 예비후보의 당내 경선을 생각해보자. SNS에서 흔히 볼 수 있는 광경이다. 당내 경선 출마를 준비 중인 예비 후보자는 먼저 SNS에 본인을 홍보하는 웹자보를 올린다. 그런데 내용을 보면 큰 글자로 전화번호가 표기되어 있다. 그리고 아래에 이런 문구도 있다. '이 전화번호로 전화가 오면 끊지 마세요. 끝까지 들으시고 제 기호 번호를 꼭 눌러주세요.'

결국 전화로 이루어지는 여론조사에 꼭 응답해달라는 게 선거운동의 주된 메시지가 된다. 예비후보의 선거운동은 길거리에서 마구잡이로 명함을 나눠주거나 '전화 끝까지 받아주세요'라는 호소에 기대는 수준이다.

여론조사 경선으로 나타난 또 다른 특징은 '직함선거'이다. 대개 당내 경선의 여론조사 질문을 녹음할 때 후보자의 직함으로 최대 20글자까지 넣을 수 있다고 한다. 이 직함이 무엇이냐에 따라 당락이 결정된다.

결국 후보자의 '말과 글'보다 '직함'이 더 중요한 선거가 됐다. 실제로 2018년 지방선거에선 유독 '○○정부 청와대' 출신 후보자가 많았고, 이들은 거의 다 경선을 통과해 당선됐다. 문제는 이 후보자들이 경선 과정에서 제대로 된 '말과 글'의 검증을 받지 않았다는 것이다.

경선 과정에서 예비후보 간 당내 토론회도 거의 열리지 않았다. 대부분의 지역구에서 직함만 보고 여론조사로 투표가 이루어졌다. 이 후보자가 어떤 비전을 갖고 있는지 혹은 지역을 발전시키기 위해서 어떤 공약을 구상하고 있는지 검증할 자리도 기회도 없었다. 후보가 준비한 비전에 대한 검증 없이 일명 제대로 된 직함만 있으면 통과된 것이다.

결국 좋은 직함을 가진 후보자가 '싹쓸이'로 당선됐다. 후보자의 본질적인 콘텐츠인 말과 글이 검증되지 않아도 경선을 통과할 수 있고,

본선도 '바람'만 잘 불면 당선될 수 있게 됐다. 정치인들이 연설을 할 필요가 없는 환경이 조성된 것이다.

말에 서툰 정치인들

＼

연설이 사라진 한국 정치에선 말과 글이 충분히 검증되지 않은 후보자들이 성장해 어느 순간 대선주자가 된다. 정치인이 대선주자 쯤 되어야 비로소 국민은 이들의 연설을 들을 수 있다. 그래서 이런 결과가 나왔다. 2012년 대선 당시, 박근혜, 안철수, 문재인 세 후보 가 빅 3로 대선에서 경합했다.

이 세 명의 대선후보는 당시 대한민국 최고의 정치인으로 평가되 던 사람들이다. 정치를 본격적으로 시작한 지 6개월도 채 안 된 문재 인 후보, 이제 막 정계에 입문한 안철수 후보. 두 후보 모두 정치다운 정치를 해본 경험이 없는 사람들이었다. 다시 말해 '말과 글'로 제대 로 된 검증을 거친 적이 없는 사람들이었다.

이런 후보들이 국민 앞에서 난생처음으로 연설을 하는 상황이 우 리나라의 2012년 대선이었다. 당시의 TV 토론회를 떠올려보라. 마 치 버퍼링이 걸린 동영상을 보는 것 같은 더듬거리는 대선주자들의 언변에 실망했던 기억이 있을 것이다. 제대로 된 검증 없이 대선주자 가 된 이들에게 높은 수준의 말과 글을 기대할 수 없었다.

'베이비 토크', 박근혜 대통령의 등장

이 대선의 결과가 바로 박근혜 정부의 출범이었다. 그런데 박근혜 대통령의 연설문을 누가 썼는가? 바로 최서원 씨였다. 아무런 공직도 없던 최서원 씨는 박근혜 대통령의 말과 글을 지배함으로써 국정을 농단했다. 이는 단순히 박근혜, 최서원 개인의 문제가 아니며, 정치권만의 문제도 아니었다. 이는 대한민국 공론장의 실패, 곧 한국 민주주의의 실패였다.

언론도, 시민사회도 이들의 말과 글을 제대로 검증하지 못했다. 정치권도 마찬가지다. 후보의 말과 글을 제대로 검증하는 시스템을 만드는 데 소홀했다. 그렇게 당선된 박근혜 대통령은 임기 내내 이해할 수 없는 말과 글로 국민과의 소통에 어려움을 겪었다. 이를 풍자하는 '박근혜 번역기'라는 신조어가 등장할 정도였다.

한때 박근혜 대통령의 측근이었다가 '친이'로 돌아선 전여옥 전 의원은 박근혜 대통령의 언어 습관을 '베이비 토크'라고 표현했다. 성숙하지 못한 어린아이처럼 빈약한 언어 습관이 있는 인물이었다는 것이다. 결국 이런 박 대통령의 말과 글을 좌지우지하는 사람이 국정 농단의 주범이 됐다. 다시 강조하지만 박근혜 정부의 출범은 단순한 개인의 문제가 아닌 한국 민주주의의 총체적 실패였다. 이런 사태를 미연에 방지하기 위해서라도 우리의 잃어버린 연설문화를 복원하는 작업이 필요하다.

좋은 연설의 3요소

결국 좋은 연설의 3요소란 다음과 같다. 이 3요소를 기억하면서 다음 장에서 역사가 기억하는 연설문을 살펴보자.

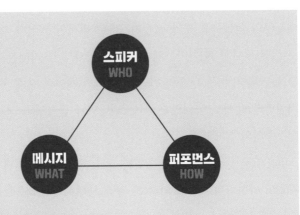

- **스피커, WHO**

  누가 말할 것인가. 메시지와 맞는 사람이 말을 해야 한다.

- **메시지, WHAT**

  무엇을 말할 것인가. 내가 말할 만한 주제를 이야기해야 한다. 즉, 나와 상관없는 주제를 다루어서는 안 된다.

- **퍼포먼스, HOW**

  어떻게 말할 것인가. 나만을 위한 연설을 해야 한다.

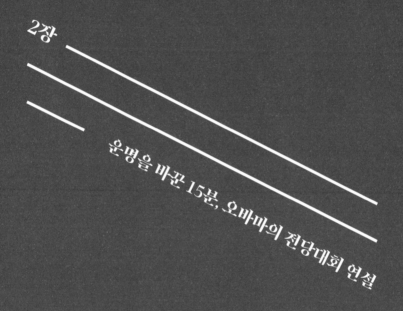

2장

운명을 바꾼 15분, 오바마의 전당대회 연설

좋은 연설은 한 인간의 운명을 바꿀 수 있다.

정치신인 오바마의 도약

버락 오바마 전 미국 대통령은 임기 중에는 물론이고 임기가 끝나고도 수많은 연설을 했다. 연설의 분량도 다양하고, 한 시간 이상 되는 강연식 연설도 많다. 그중에서도 지금 소개하려는 2004년 미국 민주당의 전당대회 기조연설은 약 15분짜리로 분량이 짧지만, 정치신인이 할 수 있는 아주 교과서적인 연설이다.

당시 오바마는 무명의 정치신인으로 대부분의 청중은 그를 모르던 시기였다. 그럼에도 이 연설은 자신을 설명해나가는 모범적인 구성 방식을 보여준다. 이 구성을 잘 연구해보면 아직 세상에 이름을 알리지 못한 내가 어떻게 쓰고 말해야 할지 어렵지 않게 알 수 있다.

사실 유명인들은 연설하는 데 어려움이 적다. 이미 연사의 이력이나 스토리를 청중이 알고 있는 데다가 대개는 유명인에게 호감을 갖고 있기 때문이다. 그런 상황에서는 연사가 가벼운 농담만 해도 청중은 폭소를 터뜨린다. 그런데 일명 '셀럽'이 아닌 평범한 우리가 대중 앞에서 연설하기란 여간 어려운 일이 아니다. 아직 무명의 지방의원이었던 오바마도 별반 다르지 않았을 것이다.

그런데 이 무명의 오바마는 겨우 15분의 연설로 청중을 매료했다. 연설 하나로 일약 세계적인 정치 스타로 떠올랐다. 과연 그가 어떻게 연설을 시작했는지 전문을 함께 보자. 가급적 유튜브에서 "오바마 2004년 전당대회 연설"을 검색해 함께 보면서 읽어보길 권한다.

🎙 정말 감사합니다. 정말 감사합니다. 감사합니다. 감사합니다. 딕 더빈 [상원의원님], 당신 덕분에 우리 모두가 자랑스럽습니다. 미국 중심의 교차로이자 링컨의 땅인 위대한 일리노이주를 대표하여, 전당대회에서 연설하게 된 특권에 진심으로 감사드립니다. 오늘 저녁은 저에게 특별한 영광입니다. 솔직히 말하면 제가 오늘 이 연단에 서 있는 것 자체가 이례적인 일이기 때문입니다.

[Thank you, Thank you so much, Thank you, Thank you. Dick Durbin, you make us all proud On behalf of the great state of Illinois, crossroads of a nation, land of Lincoln, let me express my deep gratitude for the privilege of addressing this convention. Tonight is a particular honor for me because, let's face it, my presence on this stage is pretty unlikely.]

오바마가 연설에서 'Thank you'를 연발한다. 그 이유는 무엇일까? 오바마에게 이 연설은 정말 감사한, 평생에 다시 오지 않을 기회였기 때문이다. 대의원이 아니어서 4년 전엔 전당대회장에 입장할 권한도 없었던 그가 미국 민주당 핵심당원 10만 명 앞에서 연설할 기회가 언제 또 있겠는가. 이 기회를 잘 활용한다면 오바마는 정치적 도약을 할 수도 있는 상황이었다. 말 그대로 그저 고마웠던 것이다.

오바마는 어떻게 이런 기회를 얻었을까? 민주당은 전통적으로 공화당에 비해 흑인이나 히스패닉 등 유색인종의 지지를 받아왔다. 2004년 민주당 정당대회에서 대선후보와 부통령 후보로 선출된 존 케리와 존 에드워즈 후보는 백인 상원의원과 하원의원이었다. 유색 인종의 지지를 많이 받는 정당의 정 후보와 부 후보가 모두 백인이 된 것이다. 결국 민주당은 일부러 링컨의 고향인 일리노이주를 그해 전당대회 장소로 잡았다.

링컨은 공화당 소속 대통령이었지만, 흑인 노예 해방을 대표하는 상징적 인물이었기 때문이다. 민주당은 고심 끝에 기조연설의 축사자도 흑인 정치인으로 세우기로 했다. 이 계획에 따라 당시 일리노이주 상원의원 딕 더빈은 그 지역의 연방 상원의원(우리나라로 치면 시의원이나 도의원급)인 오바마를 추천했다. 오바마가 딕 더빈에게 고마워하는 이유다. 사실 청중에게는 존 케리가 관심의 대상이지 오바마는 관심 밖이었다. 2004년 전당대회에서 오바마는 자신을 미심쩍어하는 청중들 앞에 선 것이다. 이 어려운 상황에서 그는 어떻게 자신을 소개했을까?

🎤 저의 아버지는 케냐의 작은 마을에서 나고 자란 유학생이었습니다. 아버지는 염소를 치면서 자랐고, 양철 지붕 판잣집에서 학교를 다녔습니다. 아버지의 아버지, 그러니까 저의 할아버지는 영국인 가정에서 요리사로 일했습니다. 하지만 할아버지는 자신의 아들에 대해서만큼은 더 큰 꿈을 품었습니다. 그리고 아버지는 노력과 인내 끝에 마법과도 같은 곳에서 공부할

수 있는 장학금을 받았습니다. 그곳이 바로 미국이었습니다. 미국은 아버지 이전의 수많은 이민자에게도 자유와 기회의 빛을 비춰온 등대와도 같았습니다. 미국에서 공부하는 동안, 아버지는 어머니를 만났습니다.

[My father was a foreign student, born and raised in a small village in Kenya. He grew up herding goats, went to school in a tin-roof shack. His father, my grandfather, was a cook, a domestic servant. But my grandfather had larger dreams for his son. Through hard work and perseverance my father got a scholarship to study in a magical place: America, which stood as a beacon of freedom and opportunity to so many who had come before. While studying here, my father met my mother.]

도입부를 주목하라

오바마는 아버지 이야기로 말문을 연다. 오바마의 아버지는 케냐 출신의 유학생이었다. 그의 할아버지는 백인 가정에서 일한 요리사로 그런 할아버지가 아버지를 미국으로 유학을 보낸 것이다. 이 스토리에서 무엇이 보이는가. 미국 흑인들이 겪었던 이민의 역사다. 실제로는 훨씬 더 비참한 납치와 노예 노동의 역사였다. 하지만 이게 200년 전의 옛날 일이 아니라 오바마의 아버지, 바로 윗세대 이야기로 등장한다. 청중의 몰입이 시작되는 부분이다.

오바마의 할아버지와 아버지는 케냐에서 태어났지만 세상에서 큰 일을 하려면 큰물로 가야 한다고 생각했다. 일명 'magical place'로 유학을 보냈다. 그곳이 어디인가? 바로 아메리카, 미국이다. 보라, 청중이 박수를 치기 시작한다.

연설 당시 시대적인 상황을 보자. 이 당시 대통령은 부시 2세 대통령이었다. 2004년 부시는 이라크 전쟁으로 전 세계를 대혼란에 빠뜨렸다. 이라크에 대량살상 무기가 있다는 명분을 앞세워 침공하고 후세인도 처단했다. 그런데 그 명분은 타당하지 않았다. 실제로 조사해보니 대량살상 무기가 발견되지 않은 것이다. 이란, 이라크가 아니라 미국이 바로 '깡패국가'라고 세계에서 욕을 먹고 있던 시기다. 'I'm sorry, the world.' 민주당 지지자의 입장에서는 미국인이라는 이유만으로 국제사회에 미안함을 느꼈던 시대였다.

그런 상황에서 오바마가 이 전당대회에 나타났다. 그리고 "미국은 마법과 같은 관대한 나라"라고 말한다. 그 순간 미국인임을 부끄러워하던 청중의 마음이 치유되기 시작한다. 그의 이야기를 들으면서 위로를 받았던 것이다. "그래 미국은 좋은 나라였지, 관대하고 위대한 나라였어"라고 하면서 말이다.

🎙 어머니는 지구 반대편 [미국] 캔자스주에서 태어난 분이었습니다. 외할아버지는 대공황 시기 내내 유정과 농장에서 일했습니다. 진주만 사태가 발발한 다음 날, 외할아버지는 군에 입대하여 패튼 장군의 지휘하에 유럽 대륙을 누볐습니다. 그동안 외할머니는 집에서 아기를 돌보면서 폭격기 조립라인에서 일했습니다. 전쟁이 끝난 이후 두 분은 GI 법안의 보조를 받으면서 학업을 마쳤고, FHA 대출을 받아 집을 샀고, 나중에는 기회를 찾아 서쪽의 머나먼 하와이로 떠났습니다. 그리고 그 두 분 역시 딸에게 큰 꿈을 품었

습니다. 동떨어진 두 대륙이었지만 하나의 같은 꿈이었습니다. 저의 부모님
은 불가능에 가까운 사랑을 나누었을 뿐만 아니라 이 국가의 장래에 대한 굳
건한 신념에서도 일치했습니다.

[She was born in a town on the other side of the world, in
Kansas. Her father worked on oil rigs and farms through most
of the Depression. The day after Pearl Harbor he signed up for
duty, joined Patton's army and marched across Europe. Back
home, my grandmother raised their baby and went to work on
a bomber assembly line. After the war, they studied on the GI
Bill, bought a house through FHA, and moved west in search of
opportunity. And they, too, had big dreams for their daughter,
a common dream, born of two continents. My parents shared
not only an improbable love; they shared an abiding faith in the
possibilities of this nation.]

다음은 어머니 이야기다. 어머니는 캔자스주에서 태어난 백인이
다. '오즈의 마법사' 속 주인공 도로시가 태어난 주다. 오바마는 케냐
출신 아버지와 캔자스 출신 어머니 사이에서 태어난 혼혈아였다. 그
런데 어머니 쪽의 스토리를 잘 들어보자. 20세기를 살아갔던 전형적
인 미국인의 스토리다. 오바마의 외할아버지는 원래 농부였다. 그런
데 제2차 세계대전이 발발하면서 자진해서 군대에 입대한다. 저 멀
리 유럽까지 간다.

제2차 세계대전은 미국인이 꼽는 가장 자랑스러운 역사다. 유태인
을 학살한 악의 원흉 히틀러를 응징하기 위해 아무런 이해관계도 없

는 유럽까지 갔기 때문이다. 물론 일본의 진주만 공습이 있긴 했지만, 히틀러가 직접 미국을 침략하지 않았는데도 말이다.

당시 미국인들 사이에서 가장 인기 있던 인물이 패튼 장군이었다. 우리나라로 치면 백선엽 장군과 같이 당시 국민으로부터 가장 사랑을 받은 군인이었다. 그는 대전차 군단을 지휘하면서 탱크로 구성된 기갑부대로 유럽을 휘젓고 다녔다. 소련과 함께 누가 먼저 히틀러를 잡을지 레이스를 하면서 독일 베를린에도 입성한 인물이다.

국민의 지지도가 높은 패튼 장군의 기갑 부대에서 오바마의 외할아버지는 군 복무를 했다. 그때 외할머니는 폭격기 조립 라인에서 일을 하면서 후방에서 물자 지원을 했다. 이 순간 미국인들은 우리가 영화 〈국제시장〉을 보면서 느끼는 것 같은 엄혹했지만 좋았던 시절의 향수를 느꼈을 것이다.

전쟁이 끝나고, 오바마의 어머니 가족은 참전용사를 지원하는 장학금 제도GI, 의료보험 제도FAH 등 미국의 사회보장제도의 도움으로 학교도 다닐 수 있었고, 더 큰 꿈을 품고 하와이로 이주도 할 수 있었다. 이 모든 사회제도가 다 민주당이 프랭클린 루스벨트 대통령 시절에 추진한 제도다. 은근히 민주당 지지자들에게 어필할 수 있는 정책들을 언급한 것이다.

어머니 가족이 하와이로 이주하면서 어머니는 하와이대학교로 유학 온 오바마의 아버지를 만나 연애를 하고 결혼했다.

🎙 부모님은 저에게 버락이라는, 아프리카 말로 '축복받은'이라는 의미의 이름을 지었습니다. 미국이라는 관대한 나라에서는 이름으로 인해 출세에

차별을 받지 않으리라고 믿었던 겁니다. 부모님은 부자가 아니었음에도 제가 이 땅에서 최고의 학교에 가기를 기대했습니다. 미국이라는 후한 나라에서는 돈이 있어야만 잠재 능력을 발휘할 기회가 주어지는 것이 아니기 때문입니다. 지금은 두 분 모두 돌아가셨습니다. 하지만 오늘만큼은 하늘에서 자랑스럽게 저를 내려다보고 있다는 걸 압니다. 이 자리에 서 있는 저는 제가 물려받은 다양한 유산에 감사하고 부모님의 꿈이 우리 소중한 두 딸들을 통해 지속되고 있다는 사실을 되새깁니다.

[They would give me an African name, Barack, or "blessed," believing that in a tolerant America your name is no barrier to success. They imagined me going to the best schools in the land, even though they weren't rich, because in a generous America you don't have to be rich to achieve your potential. They are both passed away now. Yet, I know that, on this night, they look down on me with pride.

I stand here today, grateful for the diversity of my heritage, aware that my parents' dreams live on in my precious daughters.]

버락 '후세인' 오바마

오바마의 부모는 그 당시로서는 보기 힘든 백인 여성과 흑인 남성 커플이었다. 비록 훗날 둘은 이혼하고, 어머니 혼자서 오바마를 키우긴 했지만 당시 상황을 고려하면 정말 쉽지 않은 일이었다. 지금도 편견 어린 시선을 받을 수 있는 일인데, 1960년대에 백인 여성과 흑인 남성이 결혼해 출산까지 한 것은 대단히 놀라운 일이었다.

이름도 '버락'이라고 지었다. 그 이전까지 미국에 '버락'이란 이름을 쓴 사람이 있었을까? 버락은 '축복받은'이라는 케냐어다. 심지어 중간 이름은 후세인, '버락 후세인 오바마'다. 상당히 이슬람적 전통을 나타내는 이름이다. 그런데 주목해야 하는 것은 이름이 아니다. 바로 아버지의 말이다.

"미국은 관대한_{tolerant} 나라"라며 이름 때문에 차별받을 일이 없다는 아버지의 말이다. 그래서 버락이란 이름도 나올 수 있었던 것이다. 오바마는 어렸을 때 '베리'라는 미국식 이름을 쓰다가 성인이 되면서 아버지가 지은 이름인 버락을 쓴다. 연설의 도입부에서 버락이라는 이름의 유래를 설명한 것이다. 이 유래를 들은 어떤 이가 미국 정치에서 이 이름을 문제 삼을 수 있을까?

오바마는 자신의 이름에 대한 아버지의 결정이 '관대한 나라'인 미국이기에 가능한 일이었다고 말한다. 또한 그의 부모로부터 자녀에게로 이어지는 이 스토리가 거대한 미국 역사의 일부분이라고 말한다. 관대한 미국의 이 독특한 특성 덕분에 가능한 이야기란 것이다. 청중은 이때부터 기립하고 환호하기 시작한다. 어느새 오바마를 미심쩍어하던 모습을 거두고 눈에는 '하트'마저 보인다. 오바마는 이 연설로 미국의 관대한 정체성을 상징하는 인물이 되었다.

🎙 이 자리에 서 있는 저는 저의 이야기가 방대한 미국의 이야기의 일부라는 사실, 모든 선조에게 빚을 지고 있다는 사실, [미국이 아닌] 지구상 그 어떤 다른 나라에서도 저의 이야기가 불가능했으리라는 사실을 압니다. 우리는 오늘 저녁 우리나라의 위대함을 확인하기 위해 모였습니다. 우리의 마천

루가 높아서, 우리의 군대가 강해서, 우리의 경제규모가 커서가 아닙니다. 우리의 자부심의 원천은 아주 간단한 [사회적] 전제에 있습니다. 200년 전의 어느 선언문에는 다음과 같이 정리되어 있습니다. "우리는 다음의 것들을 자명한 진리라고 생각한다. 모든 인간은 평등하게 창조되었고, 창조주께서 그들에게 특정 불가침한 권리를 주셨음을. 그리고 그 권리 중에는 생존, 자유, 행복에의 추구가 있음을."

미국의 특별함은 바로 여기에 있습니다. 단순한 소망들에 대한 믿음, 그리고 작은 기적들에 대한 고집. 우리가 저녁에 아이들의 이불을 덮어줄 때, 아이들이 굶주리지 않고 헐벗지 않고 위험으로부터 안전하다고 확신할 수 있기를. 우리의 생각을 가감 없이 말하고, 쓰더라도 갑작스러운 누군가의 방문을 두려워하지 않아도 되기를. [좋은] 아이디어가 생겼을 때 뇌물을 바치지 않고도 사업을 시작할 수 있기를. 정치적 [의사결정] 과정에 참여할 때 보복을 두려워하지 않아도 되기를. 그리고 우리의 한 표가 선거 결과에 반영되기를. 최소한 대부분의 경우에는.

우리 모두는 올해 선거에서 우리의 가치와 신념을 재확인하라는 부름을 받았습니다. 오늘날의 현실과 냉정하게 비교해보고 과연 우리가 선조의 유산과 후대의 기대에 얼마나 부응하고 있는지 확인해봐야 할 것입니다.

[I stand here knowing that my story is part of the larger American story, that I owe a debt to all of those who came before me, and that, in no other country on earth, is my story even possible. Tonight, we gather to affirm the greatness of our nation, not because of the height of our skyscrapers, or the power of our military, or the size of our economy. Our pride is based on a very simple premise, summed up in a declaration made over two hundred years ago, "We hold these truths to he self-evident, that all men are created equal. That they are endowed by their Creator with certain inalienable rights. That among these are life, liberty and the pursuit of happiness."

That is the true genius of America, a faith in the simple dreams of its people, the insistence on small miracles. That we can tuck in our children at night and know they are fed and clothed and safe from harm. That we can say what we think, write what we think, without hearing a sudden knock on the door. That we can have an idea and start our own business without paying a bribe or hiring somebody's son. That we can participate in the political process without fear of retribution, and that our votes will he counted—or at least, most of the time.

This year, in this election, we are called to reaffirm our values and commitments, to hold them against a hard reality and see how we are measuring up, to the legacy of our forbearers, and the promise of future generations.]

미국의 위대함

최근 트럼프 대통령이 "미국을 다시 위대하게"라는 슬로건을 내걸고 있다. 트럼프가 생각하는 위대한 미국은 '트럼프 타워'와 같은 고층 건물이 많은 나라일지도 모른다. 하지만 오바마가 생각한 미국이 위대한 이유는 돈이 많거나 마천루가 높아서가 아니다. 생존, 자유 그리고 행복의 추구. 미국의 독립선언문에 명시된 그 가치들 때문에 위대한 것이다. 미국인들이 합의한 것이 바로 그 위대한 가치다. 이 대목에서 미국의 정체성을 정리해버린다. 미국인이라면 누구도 부정할 수 없는 독립선언서를 인용하면서 말이다. 이런 상황에서 청중은 감동을 받을 수밖에 없다.

🎤 미국 국민, 민주당원, 공화당원, 비당원 여러분, 제가 감히 말씀드리건대 아직 우리가 해야 할 일이 남아 있습니다. 제가 일리노이주 게일스버그시에서 만났던 노동자들, 멕시코로 이전하는 메이태그사 공장에서 근무하다가 갑자기 실직하고 시급 7달러짜리 일자리를 두고 자식들과 경쟁해야 하는 그 노동자들을 위해 해야 할 일. 실직하고 나서 한 달에 4,500달러나 하는 아들의 약값을 의료보험 없이 어떻게 대야 하나 눈물을 삼키며 걱정하는 아버지를 위해 해야 할 일. 세인트루이스시 동쪽에 사는 어느 젊은 여성처럼 성적과 추진력과 의지는 있음에도 학비가 없어서 대학에 못가는 수천 명을 위해 해야 할 일들이 남아 있습니다.

[And fellow Americans—Democrats, Republicans, Independents—I say to you tonight: we have more work to do. More to do for the workers I met in Galesburg, Illinois, who are losing their union jobs at the Maytag plant that's moving to Mexico, and now are having to compete with their own children for jobs that pay seven bucks an hour. More to do for the father I met who was losing his job and choking back tears, wondering how he would pay $4,500 a month for the drugs his son needs without the health benefits he counted on. More to do for the young woman in East St. Louis, and thousands more like her, who has the grades, has the drive, has the will, but doesn't have the money to go to college.]

통합의 의미

오바마가 청중을 하나하나 호명한다. 민주당 전당대회지만 그는 민주당원과 공화당원, 그리고 비당원 여러분이라고 언급하며 모든 국민을 빠짐없이 부른다. 민주당 전당대회의 연설이지만 생중계로 전국에 퍼져 나갈 것이라는 사실을 염두에 두고 쓴 연설문이란 것을 알 수 있다. 오바마의 연설은 당원만이 아닌 전체 미국인이 대상이었다. 이렇게 여러 대상을 호명하는 이유는 연설의 주제가 담겨 있기 때문이다. 이 연설의 핵심 주제는 '통합'이다. 당시 미국은 심각하게 분열된 상태였다. 진보와 보수, 민주당과 공화당, 이라크전에 대한 찬성과 반대 등 수많은 이슈가 미국을 갈가리 찢어놓고 있었다. 이 분열된 미국을 다시 하나로 통합해야 한다는 게 이 연설의 핵심이다.

또한 오바마 연설의 특징은 뛰어난 '묘사'에 있다. 머릿속에서 그림이 그려지듯 연설의 논거를 구체적으로 묘사한다. 개념어나 추상적인 당위를 말하지 않는다. 항상 구체적인 상황을 말한다. 오바마가 선거운동 과정에서 만난 세인트루이스의 노동자 이야기 등을 스토리로 쉽게 풀어나간다. 누구나 쉽게 이해할 수 있고 머릿속으로 그림이 그려지는 연설문, 이것이 바로 좋은 연설문이다.

🎤 오해하지 마시기 바랍니다. 제가 만난 사람들은, 그곳이 작은 마을이었

든, 큰 도시였든, 동네 식당이었든, 상업지구였든 정부가 모든 문제를 해결해주기를 기대하지 않습니다. 그들은 성실하게 일해야만 전진할 수 있다는 것을 잘 압니다. 그럴 준비도 되어 있습니다. 시카고 근교의 소도시들에 가보십시오. 시민들은 복지기관이나 국방성 때문에 자신들의 세금이 낭비되는 것이 싫다고 말합니다. 도심 한복판의 동네에 가보십시오. 시민들은 정부의 노력만으로는 아이들을 가르칠 수 없다고 말합니다. 학부모도 가르쳐야 한다는 것을, 아이들에 대한 기대 수준을 높이고, 텔레비전을 끄고, 책 읽는 흑인 아이가 백인인 척한다는 소리를 듣지 않게 해야 한다는 것을 그들은 잘 압니다. 그들은 분명히 알고 있습니다. 시민들은 정부가 모든 문제를 해결해주기를 기대하는 것이 아닙니다. 다만 뼛속 깊이 인지하고 있는 사실은 [사회의] 우선순위를 조금만 바꾸면 미국의 모든 아이들이 공평한 인생의 출발을 보장받고, 기회의 문을 모두에게 열어놓을 수 있으리라는 사실입니다. 지금보다 나아질 수 있다는 사실을 시민들은 압니다.

[Don't get me wrong. The people I meet in small towns and big cities, in diners and office parks, they don't expect government to solve all their problems. They know they have to work hard to get ahead and they want to. Go into the collar counties around Chicago, and people will tell you they don't want their tax money wasted by a welfare agency or the Pentagon. Go into any inner city neighborhood, and folks will tell you that government alone can't teach kids to learn. They know that parents have to parent, that children can't achieve unless we raise their expectations and turn off the television sets and eradicate the slander that says a black youth with a book is acting white. No, people don't expect government to solve all their problems. But they sense, deep in their bones, that with just a change in priorities, we can make sure that every child in America has a decent shot at life, and that the doors of opportunity remain open to all. They know we can do better.]

반론 수용과 재반박

오바마 연설의 또 한 가지 특징은 반론 수용과 재반박이다. 자기 주장의 반론을 염두에 두고 그 반론을 미리 수용하는 것이다. 오바마의 연설을 듣고, 공화당 지지자들은 무슨 생각을 할까? '아, 또 정부가 다 해줘야 한다는 거야?' '복지병 생기는 거 아니야?' '미국은 개인의 자립과 자율로 만들어진 나라인데 왜 항상 정부의 역할만 강조하는 거야!' 같은 의문은 공화당에서 충분히 제기할 수 있는 반론이다.

오바마는 이 비판을 염두에 두고 말을 이어간다. "여러분 오해하지 마십시오." 오바마의 재반박이 시작된다. 자신이 만난 사람들의 말을 통해 정부가 모든 것의 만병통치약이 아님을 국민도 잘 알고 있다고 강조한다. 다만 우선순위만 조금 바꿔도 사회가 훨씬 더 나아질 수 있다고 말한다. 반론 수용과 재반박을 통해 자신의 논지를 오히려 더욱 강화한 것이다.

🎤 그리고 그 변화를 위한 선택을 원합니다. 이번 선거에서 우리는 바로 그 선택을 제시하려고 합니다. 민주당이 이번에 [대선 후보로] 내세운 사람은

이 나라에서 찾을 수 있는 가장 좋은 점들을 두루 갖춘 사람입니다. 그 사람은 바로 존 케리입니다. 존 케리는 공동체, 믿음, 봉사의 가치를 삶의 기치로 삼고 살아왔습니다. 베트남에서 용감하게 군 복무를 하던 시절부터 검사 생활을 하고 부주지사로 일하던 때까지, 그는 또 미국 상원의원에서의 20년간 국가에 헌신했습니다. 그는 매번 쉬운 선택을 마다하고 어려운 선택을 하는 모습을 보여줬습니다. 그의 가치와 그간의 행적은 모두가 믿는 최상의 가치들을 확인해주고 있습니다.

[And they want that choice. In this election, we offer that choice. Our party has chosen a man to lead us who embodies the best this country has to offer. That man is John Kerry. John Kerry understands the ideals of community, faith, and sacrifice, because they've defined his life. From his heroic service in Vietnam to his years as prosecutor and lieutenant governor, through two decades in the United States Senate, he has devoted himself to this country. Again and again, we've seen him make tough choices when easier ones were available. His values and his record affirm what is best in us.]

존 케리 띄워주기

15분간의 연설 중 절반에 이르러서야 존 케리가 등장한다. 사실 일반적인 축사나 지원 유세라면 연설의 처음부터 이런 구성이었을 것이다. "여러분, 제가 아는 존 케리는!" 만약 오바마가 이런 식의 일반적인 구성으로 시작했다면 이런 몰입감은 기대하기 어려웠을 것이다. 하지만 오바마는 자기 이야기를 하면서 충분히 청중과 공감대를 만들고 나서야 존 케리의 이야기를 꺼냈다. 바로 이 점이 일반 추천사와 다른 지점이다. 존 케리의 공약과 정책을 개념어로 말하기보다 스토리로 풀어서 이해하기 쉽게 설명도 더한다. 그리고 존 케리가 '누군가'와 달리 미국에 분열을 야기하지 않을 것이라는 점도 강조한다.

🎙 존 케리는 성실함이 보상받는 미국을 믿습니다. 그래서 일자리를 해외로 돌리는 회사들에 세금 혜택을 주기보다 국내에서 일자리를 창출하는 회사들에 혜택을 주려고 합니다. 존 케리는 워싱턴의 정치인들의 것과 같은 의료보험을 전 국민이 누리는 미국을 믿습니다. 존 케리는 에너지 자립을 믿습니다. 그래서 석유회사들의 이익 논리와 해외 유전의 급작스러운 생산 중단에 속박되지 않을 것이라고 주장합니다. 존 케리는 전 세계가 부러워하는 미국 헌법에 보장된 자유를 믿습니다. 그는 절대로 우리의 기본적인 자유를 희생시키거나, [종교적] 신념을 이용하여 분열을 야기하지 않을 것입니다. 존 케리는 험한 세상에서 어떤 때에는 전쟁이 대안이 되어야 한다고 믿지만, 절대로 [전쟁이] 자동 대안이 되어서는 안 된다고 믿습니다.

[John Kerry believes in an America where hard work is rewarded. So instead of offering tax breaks to companies shipping jobs overseas, he'll offer them to companies creating jobs here at home. John Kerry believes in an America where all Americans can afford the same health coverage our politicians in Washington have for themselves. John Kerry believes in energy independence, so we aren't held hostage to the profits of oil companies or the sabotage of foreign oil fields. John Kerry believes in the constitutional freedoms that have made our country the envy of the world, and he will never sacrifice our basic liberties nor use faith as a wedge to divide us. And John Kerry believes that in a dangerous world, war must be an option, but it should never he the first option.]

분열과 통합

이 당시 조지 부시 대통령의 핵심 전략 참모는 백악관의 '칼 로브' 비서실장이었다. 그는 부시 대통령의 정치전략 총 책임자였다. 그야말로 부시 대통령의 핵심 참모다. 또한 칼 로브는 '악의 책사'로도 불렸다. '분할하고 통치하라devide and rule'는 분할 통치 전략은 그의 대표 전략이다. 국민을 계속 분열하되 자신은 다수의 편에 서는 것이다. 그는 임기 내내 낙태, 사형제, 총기소유, 동성결혼 등 민감한 이슈를 던지며 국민을 찬반으로 분열한다. 이 문제들의 공통점은 정답이 없는 가치관의 이슈라는 점이다. 칼 로브는 이런 문제들을 이용해 진보와 보수로 계속 국민 분열을 조장했다.

그리고 공화당은 여론에 따라 다수의 입장을 취한다. 'winner takes all.' 미국 선거제도는 51퍼센트의 승자가 전체 의석을 차지하는 승자독식 시스템이다. 중요한 것은 51퍼센트의 입장이다. 정치적 쟁점에서 나머지 49퍼센트는 소외한다. 이게 바로 칼 로브 방식의 정치 전략이다. 이 전략으로 부시는 대통령이 될 수 있었다. 민주당은 이런 분열 조장에 이골이 난 상태였다.

그 유명한 조지 레이코프의 《코끼리는 생각하지 마》란 책이 나온 배경도 바로 이런 맥락에서다. 코끼리는 공화당이다. 대중은 코끼리에 계속 낚인다. '자, 코끼리를 생각하지 말고, 스스로의 프레임으로 생각하자.' 절대 코끼리에 낚이지 말자는 것은, 칼 로브의 전략에 계속해서 말려드는 진보를 보며 레이코프가 민주당에 한 조언이다.

이 연설에서 오바마가 정의하는 나쁜 정치는 칼 로브 방식의 사회 분열을 야기하는 정치다. 분열된 미국의 문제점을 말하면서 그는 적어도 존 케리는 그렇지 않다는 신뢰를 주고자 노력한다. 사실 존 케리의 이름만 빌렸을 뿐, 오바마는 자신의 이야기를 하고 있었던 것이다. 어느새 청중은 기립해 있다.

이라크 전쟁을 대하는 오바마의 자세

유튜브 영상을 보고 있다면, 이쯤에서 후반부 영상으로 넘어갈 것이다. 당시 미국에서 가장 첨예한 정치 쟁점은 이라크 전쟁에 대한 찬반이었다. 조지 부시와 칼 로브가 던진 쟁점이다. 2004년 당시 이라크 전쟁은 한창 진행 중이었다. 결국 대량살상 무기는 발견되지 않았고 명백한 전쟁 명분이 없었다. 심지어 잘못된 명분이라는 사실이 밝혀진 시점이다. 그런데 테러리스트들의 공격으로 미군 전사자도 계속 생기고 있다. 미국 입장에선 우리 국민이 죽고 있는 상황이다. 이런 상황에서 공화당은 석유를 갖고 왔으니 결과적으로 이득이 되지 않았느냐며 오히려 큰소리다.

야당인 민주당 입장에서 이라크 전쟁을 어떻게 할 수 있을까? 전

사자는 계속 생겨나고, 잘못된 명분하에 전쟁은 진행되는 상황이다. 야당 입장에서 대단히 어려운 문제다. 명분이 잘못됐다고 해서 자국 군인이 죽어 나가는 전쟁을 무조건 비판만 하기도 어렵다. 잘못하면 뒤에서 총질한다는 논란에 휩싸일 수도 있다. 이렇게 어떤 한 입장을 취하기 곤란한 국면에서 선택을 강요당하는 상황이었다. 이런 민감한 쟁점에 오바마가 어떻게 대응하는지 주목해보자.

🎙️ 얼마 전 일리노이주 이스트 몰린시 해외참전용사회관에서 시머스라는 청년을 만났습니다. 그는 잘생긴 젊은이였습니다. 6피트 2인치 또는 3인치의 키에 맑은 눈, 편안한 미소를 짓는 사람이었습니다. 그는 해병대에 입대했고 다음 주에 이라크로 파병될 거라고 말했습니다. 그리고 그의 입대 이유 설명을 듣는데, 우리나라와 그 지도자들에 대한 절대적인 신뢰, 임무에 대한 헌신과 봉사의 자세를 보면서 이 청년이야말로 우리 모두가 자식을 키울 때 이렇게 자라주기를 바라는 모습의 결정이라고 생각했습니다. 하지만 저 자신에게 물어보았습니다. 과연 시머스가 우리를 위해 헌신하는 만큼 우리도 시머스를 위해 헌신하고 있는가? 고향으로 돌아오지 않을 900명의 남녀, 아들딸, 남편과 아내, 친구와 이웃들을 떠올려보았습니다. 이전보다 적은 수입으로 살아가야 하는 많은 가족을 떠올렸습니다. 또는 신체 일부가 절단되거나 신경이 손상되어 돌아왔지만 예비역이었다는 이유로 장기 의료 보험 보장을 받지 못하는 이들의 가족을 떠올려보았습니다.

　우리의 젊은이들을 사지로 보낼 때에는, 적어도 통계를 조작하거나, 참전하는 이유에 대한 진실을 가리지 말아야 하며, 적어도 그들이 떠나 있는 동안에 그들의 가족들을 돌봐주고, 그들이 돌아왔을 때에는 보살펴줘야 합니다. 그리고 승리, 평화, 세계인의 존경을 얻을 만한 병력[과 명분] 없이는 전쟁을 절대로, 절대로 시작하지 않아야 할 신성한 의무가 있습니다.

[A while back, I met a young man named Shamus at the VFW Hall in East Moline, Illinois. He was a good-looking kid, six-two or six-three, clear-eyed, with an easy smile. He told me he'd joined the Marines and was heading to Iraq the following week. As I listened to him explain why he'd enlisted, his absolute faith in our country and its leaders, his devotion to duty and service, I thought this young man was all any of us might hope for in a child. But then I asked myself: Are we serving Shamus as well as he was serving us? I thought of more than 900 service men and women, sons and daughters, husbands and wives, friends and neighbors, who will not be returning to their hometowns. I thought of families I had met who were struggling to get by without a loved one's full income, or whose loved ones had returned with a limb missing or with nerves shattered, but who still lacked long-term health benefits because they were reservists.

When we send our young men and women into harm's way, we have a solemn obligation not to fudge the numbers or shade the truth about why they're going, to care for their families while they're gone, to tend to the soldiers upon their return, and to never ever go to war without enough troops to win the war, secure the peace, and earn the respect of the world.]

'찬성 또는 반대'가 아닌 제3의 길

오바마는 이라크 전쟁에 대한 찬반을 말하지 않는다. 찬반 입장 대신에 자기가 만난 시머스라는 한 청년에 관한 이야기를 한다. 오바마는 시머스를 얼굴도 준수하고, 키도 훤칠하고, 언변도 뛰어나고, 애국심도 충만한 매우 건실한 청년으로 묘사한다. 이 청년은 학비를 벌기 위해 해병대에 자원 입대하고 이라크 전쟁에 참전했다. 정말 훌륭한 청년이라고 치켜세운다. 이렇게 훌륭한 청년이 우리를 대신해서 전쟁터에 나서는데, 우리는 이 전쟁을 어떻게 지원하고 있느냐며 묻는다. 그가 애국심으로 우리에게 봉사해준 만큼, 우리도 그에게 무엇을 해주고 있는지 말이다. 단순히 찬반양론으로 몰아가는 것이 아니다.

제대로 된 명분과 전쟁 지원이나 복지 체계를 갖추지 않고서 이런 훌륭한 청년을 전쟁터로 내몰아서는 안 된다는 문제의식을 제기했다. 전쟁 자체가 아닌 수행방식을 비판했다. 즉, 잘못된 명분, 통계 조작, 병력 부족으로 인한 병력 증파 논란 등 당시 이라크 전쟁을 둘러싸고 제기된 수많은 문제점을 언급하며 '이렇게 전쟁을 수행해서 되겠느냐'는 비판을 한 것이다. 단순히 찬반양론에 빠지지 않는 것이 핵심이다. 대신 누구나 공감할 수 있는 제3의 포인트를 공략했다.

🎙 [오해를 사지 않기 위해] 분명히 말씀드립니다. 세상에는 적들이 실제로 존재합니다. 이 적들은 추적되고, 색출되고, 그리고 응징되어야 합니다. 존 케리는 이 점을 알고 있습니다. 중위 케리가 베트남에서 함께한 부하들을 보호하기 위해 목숨을 아끼지 않았던 것처럼 대통령 존 케리 역시 미국

을 안전하게 지키기 위해서라면 국방력의 사용에 한순간도 지체하지 않을 것입니다.

[Now let me be clear. We have real enemies in the world. These enemies must be found. They must be pursued and they must be defeated. John Kerry knows this. And just as Lieutenant Kerry did not hesitate to risk his life to protect the men who served with him in Vietnam, President Kerry will not hesitate one moment to use our military might to keep America safe and secure.]

정당한 전쟁과 부당한 전쟁

이 지점에서 공화당은 반전 혹은 군대 철폐를 주장하는 거냐고 반박할 수 있다. 미국은 이미 1960년대 베트남전을 거치며 반전여론의 홍역을 겪은 바 있다. 당시 급진적인 운동권 세대들은 군대와 전쟁 수행 자체의 필요성을 부정하기도 했기 때문이다. 역시 오바마는 이런 예상되는 반론을 수용하며 재반박한다.

존 케리는 전쟁 자체가 아니라 부당한 전쟁을 반대한다는 것을 강조한다. 적이 있다면 반드시 응징하고 색출해야 한다. 대응에 필요한 군사력도 쓸 수 있다. 즉, '전쟁' 자체를 반대하는 것이 아니라 '부당한 전쟁'을 반대하는 것임을 강조한다. 오바마의 반론 수용과 재반박이 돋보이는 구간이다.

🎤 존 케리는 미국을 믿습니다. 그는 오직 소수의 몇몇만 잘사는 것으로는 충분하지 않다는 것을 압니다. 왜냐하면 우리의 그 유명한 개인주의의 한편

에 또 다른 요소가 합쳐져서 미국이라는 웅장한 전설이 완성되기 때문입니다. [그 요소는] 바로 우리 모두 하나로 연결되어 있다는 믿음입니다. 만약 시카고시 남단에 글자를 읽지 못하는 아이가 있다면, 내 아이가 아니더라도 내 문제가 되는 것입니다. 어딘가에서 어르신이 약값을 낼 돈이 충분치 않아서 약값과 집세 중에 하나만 골라서 내야 한다면, 그분이 나의 할머니, 할아버지가 아니더라도 나의 삶이 그만큼 궁핍해지는 것입니다. 어떤 아랍계 [이민자] 가족이 법적 대리인의 자문이나 적법한 절차도 거치지 못한 채 구속된다면 나의 인권도 그만큼 침해당한 것이란 말입니다. 이러한 근본적인 믿음, 그러니까 형제가 서로 지켜주듯이, 자매가 서로 지켜주듯이 해야 한다는 그 믿음 때문에 이 국가가 기능하는 것입니다. 그 믿음 때문에 각자가 개인의 꿈을 좇는 동시에 미국이라는 가족의 울타리 안에서 모이는 것입니다.

[John Kerry believes in America. And he knows it's not enough for just some of us to prosper. For alongside our famous individualism, there's another ingredient in the American saga. A belief that we are connected as one people. If there's a child on the south side of Chicago who can't read, that matters to me, even if it's not my child. If there's a senior citizen somewhere who can't pay for her prescription and has to choose between medicine and the rent, that makes my life poorer, even if it's not my grandmother. If there's an Arab American family being rounded up without benefit of an attorney or due process, that threatens my civil liberties. It's that fundamental belief—I am my brother's keeper, I am my sister's keeper—that makes this country work. It's what allows us to pursue our individual dreams, yet still come together as a single American family.]

개인주의와 연대

개인주의는 미국의 핵심가치로 공화당이 주로 강조하는 가치다. 하지만 미국 사회에는 중요한 또 하나의 가치가 있다. 바로 '연대의 가치'다. 우리가 다 같이 하나로 연결되어 있다는 믿음이다. 이 연대의 믿음이 있기에 개인주의 가치와 함께 미국이 성립할 수 있다는 점을 강조한다. 연대는 민주당의 핵심가치다.

🎙 "E pluribus unum." "여럿으로 구성된 하나."

지금 이렇게 말하는 순간에도 우리를 분열하려고 준비하는 사람들이 있습니다. 여론을 호도하려는 사람들, 흑색선전을 퍼뜨리는 사람들, 이들은 막나가는 정치를 구사합니다. 이들에게 오늘밤 한마디 하겠습니다. 진보적인 미국과 보수적인 미국이 따로 있는 것이 아니라 미합중국이 있을 뿐입니다. 흑인들의 미국과 백인들의 미국과 라틴계의 미국과 아시아계의 미국이 따로 있는 것이 아니라 오직 미합중국이 있을 뿐입니다.

정치 평론가들은 우리나라를 붉은색 주와 파란색 주로 잘게 썰고 나누길 좋아합니다. 붉은색 주는 공화당, 파란색 주는 민주당을 나타낸다고 말합니다. 그 평론가들에게도 제가 전해줄 소식이 있습니다. 파란색 주에 사는 사람들도 위대한 하느님을 경배하고, 붉은색 주에 사는 사람들도 연방 요원들이 도서관에 기웃거리는 것을 싫어합니다. 파란색 주에 사는 사람들도 어린이 야구단 코치 활동을 하고, 붉은색 주에 사는 사람들도 동성애자 친구 정도는 있습니다. 애국자 중에도 이라크 전쟁을 반대한 사람도 있고 이라크 전쟁을 지지한 사람도 있습니다. 우리는 한 국가입니다. 우리 모두 성조기에 충성을 맹세하고, 우리 모두 미합중국을 지키고 있습니다.

따지고 보면 이번 선거의 의미가 바로 여기에 있습니다. 냉소의 정치를 실천하느냐 아니면 희망의 정치를 실천하느냐. 존 케리는 여러분을 희망의 정치로 부르고 있습니다. 존 에드워즈는 희망의 정치로 부르고 있습니다.

["E pluribus unum." Out of many, one.

Yet even as we speak, there are those who are preparing to divide us, the spin masters and negative ad peddlers who embrace the politics of anything goes. Well, I say to them tonight, there's not a liberal America and a conservative America—there's the United States of America. There's not a black America and white America and Latino America and Asian America; there's the United States of America.

The pundits like to slice-and-dice our country into Red States and Blue States; Red States for Republicans, Blue States for Democrats. But I've got news for them, too. We worship an awesome God in the Blue States, and we don't like federal agents poking around our libraries in the Red States. We coach Little League in the Blue States and have gay friends in the Red States. There are patriots who opposed the war in Iraq and patriots who supported it. We are one people, all of us pledging allegiance to the stars and stripes, all of us defending the United States of America.

In the end, that's what this election is about. Do we participate in a politics of cynicism or a politics of hope? John Kerry calls on us to hope. John Edwards calls on us to hope.]

United States of America

미국의 명칭으로 라임을 맞춘 구간이다. 미국은 민주당의 나라, 공화당의 나라가 아니다. United States of America, 미합중국임을 강조한다. 미국은 아시아계 미국, 라틴계 미국, 아프리카계 미국이 아니다. 하나의 United States of America, 미합중국이라는 것이다. 반복되는 운율로 마치 시 낭송을 듣는 것 같다.

랩 가사처럼 라임을 맞춰 리듬감도 돋보인다. 이런 연설문은 마치 문학작품과도 같다. 이 구간은 이 연설의 클라이맥스다. 뉴스 방송에서 정치인들의 연설 중 가장 핵심이 되는 구간을 10초 정도 잘라서 뉴스에 삽입하는데, 이를 영어로는 '오디오 바이트audio bite'라고 한다. 이 연설은 정확히 이 부분이 뉴스에 많이 인용되며 화제가 되었다.

이 구간만 따로 잘라서 대중은 오바마 콘텐츠를 만들기도 했다. 유튜브를 보면, 이 구간의 가사로 오바마 연설을 랩으로 만든 콘텐츠도 있다. 대중이 뮤직비디오로 만들 만큼 오바마의 연설은 문학적 완성도가 높다.

또한 이 부분은 우리나라에서 연설 표절 논란의 대상이 되기도 했다. 2017년 대선 당시 국민의당 안철수 후보가 자신의 대선후보 수락연설을 할 때, 바로 이 '킬링 파트'를 오마주한 것이다.

산업화, 민주화, 시대 넘어 새로운 미래, 열어야 합니다.
이 나라, 진보의 나라도, 보수의 나라도 아닙니다. 국민의 나라입니다.
이 나라, 청년의 나라도, 노인의 나라도 아닙니다. 국민의 나라입니다.
이 나라, 남자의 나라도, 여자의 나라도 아닙니다. 국민의 나라입니다.

편 가르기 끝장내야 미래로 갈 수 있습니다.

— 안철수, 〈2017년 국민의당 대선후보 수락연설문〉 중에서

마치 '루이 암스트롱'을 떠올리는 확 바뀐 목소리와 강한 스타일로 한때나마 문재인 더불어민주당 후보와 양강 구도를 형성하기도 했던 안철수 후보였다. 이 연설을 하던 당시의 안철수 후보는 정치인으로서 정점에 있었던 듯싶다. 하지만 오바마의 연설문의 특징인 문학적 운율감을 살리기보단 번역 투 문체의 차용에만 그친 감이 있다. 연설문이 가진 하나의 작품으로서의 문학성을 고려하지 못하고, 직역을 해버리니 대중에게 통하지 않은 것이다. 오히려 오바마의 연설을 표절했다는 논란만 일으켰다.

저는 지금 맹목적인 낙관주의를 이야기하는 것이 아닙니다. 마치 실업자 문제에 대해 생각하지 않으면 그 문제가 없어지거나 의료보험 사태를 무시하면 사태가 스스로 해결되기라도 하는 것처럼 눈 가리고 아웅 하자는 것이 아닙니다. 그게 아니라 보다 더 실질적인 이야기를 하고 있는 것입니다. 모닥불 앞에 둘러앉아서 자유의 노래를 부르는 노예들의 희망을 이야기하는 것입니다. 머나먼 이국땅을 향해 떠나는 이민자들의 희망입니다. 용감하게 메콩강 삼각주를 순찰하는 젊은 해군 중위의 희망입니다. 불가능을 향해 도전하는 공장 노동자의 아들의 희망입니다. 비록 마른 체구에 이름도 이상하지만 미국에 자신의 자리도 있다고 믿는 아이의 희망입니다. 희망! 어려움 가운데서의 희망! 불확실함 가운데서의 희망! 그 담대한 희망!

결국 이것이야말로 하느님이 우리에게 주신 최대의 선물이자 이 국가의 기반입니다. 보이지 않는 것에 대한 믿음. 더 나은 날들이 앞에 있을 거라는

그 믿음. 중산층의 어깨 위의 짐을 덜고 일하는 가정들에 기회를 열어줄 수 있다고 믿습니다. 저는 실업자들에게는 직업을 제공하고, 집 없는 사람들에게는 집을 제공하고, 그리고 전국 각 도시의 젊은이들을 폭력과 절망에서 구해낼 수 있다고 믿습니다. 우리가 도덕적 정당성을 등에 업고 있다고, 역사적 기로에서 올바른 선택을 하며 주어진 과제에 부응할 수 있다고 믿습니다.

I'm not talking about blind optimism here—the almost willful ignorance that thinks unemployment will go away if we just don't talk about it, or the health care crisis will solve itself if we just ignore it. No, I'm talking about something more substantial. It's the hope of slaves sitting around a fire singing freedom songs; the hope of immigrants setting out for distant shores; the hope of a young naval lieutenant bravely patrolling the Mekong Delta; the hope of a millworker's son who dares to defy the odds; the hop of a skinny kid with a funny name who believes that America has a place for him, too. The audacity of hope!

In the end, that is God's greatest gift to us, the bedrock of this nation; the belief in things not seen; the belief that there are better days ahead. I believe we can give our middle class relief and provide working families with a road to opportunity. I believe we can provide jobs to the jobless, homes to the homeless, and reclaim young people in cities across America from violence and despair. I believe that as we stand on the crossroads of history, we can make the right choices, and meet the challenges that face us.

'맹목적 낙관주의'라는 반론에 대한 수용과 재반박

오바마의 연설이 드디어 마무리 국면에 들어간다. 오바마가 마지막까지 사용하는 방법은 반론 수용과 재반박이다. 자신이 말하는 '희망의 정치'가 단지 무조건적인 낙관론이 아니라는 점을 역설한다. 어려운 난제를 회피하자는 게 아니라 그보다는 다시 한번 미국인의 가슴속에 희망의 불씨를 지피는 것이 중요하다는 점을 강조한다.

그 희망이란 바로 미국에 끌려왔지만 언젠가 자유를 되찾을 날을 꿈꿨던 흑인 노예들의 희망, 종교의 자유를 누리기 위해 먼 바다 건너 미국을 찾아온 건국 초기 이주민들의 희망, 그리고 이들의 희망이 용감하게 메콩강을 정찰했던 젊은 시절 존 케리의 희망과 노동자의 아들로 태어나 민주당 부통령 후보 자리까지 오른 존 에드워즈의 희망, 또한 삐삐하고 마른 체구에 이상한 이름을 가졌지만 그래도 미국에 자신의 자리가 있을 것이라고 믿었던 오바마 자신의 희망과도 연결된다는 점을 강조한다.

이를 통해 영리하게도 무명의 지방의원인 오바마는 자신을 민주당의 대선후보와 부통령 후보인 존 케리, 존 에드워즈와 같은 반열에 올려놓는다. 그야말로 새로운 정치 스타 오바마의 등장을 알리는 문장이었다. 훗날 오바마의 자서전 제목이 된 '담대한 희망'도 이 클라이맥스에 등장한다.

미국 국민 여러분! 오늘 밤 제가 느끼는 이 에너지가 여러분께도 🎤껴지신다면, 이 절박함이 느껴지신다면, 이 열정이 느껴지신다면, 이 희망이 느껴지신다면, 우리가 우리의 의무를 다한다면, 믿어 의심치 않건대 전 국민이 플로리다주에서 오리건주까지, 워싱턴주에서 메인주까지, 사람들은 11월에 들고 일어날 것입니다. 존 케리가 대통령으로 취임하고 존 에드워즈가 부통령 취임하여 이 국가가 본래 취지를 되찾고 정치적 암흑기를 빠져나와 더 밝은 날을 맞게 될 것입니다. 정말 감사합니다, 여러분에게 신의 축복이 있기를 빕니다. 감사합니다.

America! Tonight, if you feel the same energy I do, the same urgency I do, the same passion I do, the same hopefulness I do—if we do what we must do, then I have no doubt that all across the country, from Florida to Oregon, from Washington to Maine, the people will rise up in November, and John Kerry will be sworn in as president, and John Edwards will be sworn in as vice president, and this country will reclaim its promise, and out of this long political darkness a brighter day will come. Thank you and God bless you.

연대에서 통합으로

연설의 맨 마지막 부분에 다다르면 이미 청중들은 록 콘서트장에라도 와 있는 것처럼 흥분한 상태가 된다. 오바마의 말은 마치 노랫말처럼 운율을 띠며 이어진다. 목소리도 우렁차고 시선은 10만여 명이 운집한 전당대회장 곳곳을 두루 살핀다. 플로리다, 오리건, 워싱턴, 메인 등 미국의 동서남북을 상징하는 지명이 호명될 때마다 그 지역 출신 대의원들은 자리에서 일어나 오바마를 연호한다. 마지막으로 대부분의 미국 정치인들이 연설을 끝낼 때 하는 '신이 당신을 축복하길'이라는 청중에 대한 덕담으로 연설이 마무리된다.

이 연설에 관한 오바마의 후일담

이 연설에 관한 후일담은 오바마의 유명한 자서전인《담대한 희망》에 에필로그 형식으로 나온다. 그의 말을 들어보자.

보스턴 전당 대회 기조연설에 대한 긍정적인 반응이 개인적으로 달갑지 않았다고 말한다면 그건 거짓말일 것이다. 내가 받은 편지들과 일리노이로 되돌아간 뒤 집회장에서 만난 많은 군중이 그 연설을 긍정적으로 평가했다. 결국 내가 정치판에 뛰어든 것은 공론을 형성하는 데 어느 정도 영향력을 행사하기 위함이었다. 나는 미국이 하나의 국가로서 어떤 방향으로 나아가야 하는가에 대해 내가 의견을 제시할 수 있다고 스스로 판단했다. (중략)
사실 나는 내가 6년 전 로스앤젤레스 국제공항에서 카드 지급 정지로 잠시 꼼짝달싹하지 못했던 때보다 더 영리한 사람이 된 것이 아니라는 것을 잘 안다. 의료나 교육, 외교 정책에 대한 내 견해도 무명의 사회운동가로 열심히 뛰던 시절보다 더 정교해지지는 못한 상태다. 다만 내가 전보다 더 슬기로워졌다면 그것은 주로 내가 스스로 선택한 정치의 길로 나아가다 보니, 좋든 나쁘든 정치가 이 세상을 이끌어나가는 방향이 어떤 것인지를 한번 살펴볼 수 있었기 때문이다.

― 버락 오바마 저, 홍수원 역, 《담대한 희망》,
랜덤하우스코리아, 2007, 499~500쪽

　이 연설을 통해 '벼락출세'한 오바마가 연설의 성공을 담담하게 평가하며 일시적인 인기에 도취되지 않으려고 노력하는 부분이 인상적이다. 또한 그가 정치에 뛰어든 목적이 '공론을 형성하는 데 영향력을 행사하기 위함이었음'도 분명히 밝히고 있다. 한 나라의 공론을 형성하는 것은 '말과 글'이다. 그는 이런 말과 글을 통해 미국의 공론 형성에 큰 영향을 미쳤고 자신의 운명을 극적으로 바꾸는 데도 성공했다.

오바마에게 배우는
좋은 연설문 10계명

오바마의 연설은 그야말로 현대 연설의 교과서와 같다. 특히 무명의 신인이 첫 연설을 할 때 참고할 점이 많다. 그래서 오바마 연설문을 참고하여 좋은 연설문 10계명을 뽑았다.

❶ 자기 이야기를 하라

핵심 중의 핵심이다. 무명 정치인 오바마의 이야기를 청중이 주목해서 들게 된 것도 첫 등장 부분에서 아버지와 어머니를 비롯한 자기 스토리를 이야기했기 때문이다. 만약 그가 다짜고짜 본론으로 들어가 "여러분, 존 케리를 아십니까?" 하고 연설을 시작했다면, 과연 청중의 이목을 끌 수 있었을까? 아무리 좋은 '남의 이야기'도 서툰 '자기 이야기'를 이길 수 없다는 진리를 명심해야 한다.

❷ 우리 모두의 이야기로 확장하라

자기 이야기로 시작하는 건 좋지만, 처음부터 끝까지 자기 이야기만 한다면 그건 자기 자랑에 그친다. 처음에는 흥미로워도 끝까지 자기 자랑만 나오면 거부감이 드는 것이 또 청중의 마음이다. '그래, 너 잘났다. 그런데 그게 나랑 무슨 상관인데?' 하는 마음의 소리가 시나브로 올라온다. 따라서 자기 이야기로 시작하되 우리 모두의 이야기로 주제를 확장해야 한다. 즉, 우리 모두에게 해당되는 공동의 문제로 확장해야 한다. 오바마가 유학생의 자녀이자 혼혈아였던 자신의 스토리를 미국의 전체 이민사와 연결한 것처럼 말이다. 자신의 스토리가 우리 모두가 공유하는 문제와 어떻게 연결되는지를 설명하며 연설의 중심을 나에게서 청중으로 확장하는 것이 핵심이다.

❸ 반론을 수용하라

오바마가 민주당의 복지 공약이나 정부의 역할 등을 말하며 사용한 전략이다. 세상의 모든 이야기와 주장에는 항상 반론이 있을 수 있다. 진보와 보수 성향을 뚜렷하게 가진 우리나라 언론의 사설이나 칼럼을 보면 대개 자기 진영의 이야기를 하느라 바쁘다. 진보와 보수 모두 그들 나름의 진영 논리로 글을 가득 채운다. 거기서 상대방의 반론을 수용한 글은 찾아보기 어렵다. 하지만 영국의 이코노미스트나 파이낸셜 타임스 등 이른바 '퀄리티 페이퍼'라는 외신들을 보면 구성이 상당히 다른 것을 느낄 수 있다. 필자의 자기주장은 명확하지만 항상 상대방의 주장도 한 단락 이상 충분히 소개한다. 이렇게 상대의 반론을 수용하는 구성은 손해 보는 논증방법이 아니다. 반론 수용에 이어 재반박을 함으로써 오히려 심도 있는 주장이 된다. 원래주장의 설득력이 높아지는 것이다. 따라서 합리적인 논거라면 상대방의 반론 수용에 인색할 필요가 없다. 적극적 반론 수용과 재반박은 매우 효과적인 논증법이다.

❹ 하나의 메시지에 집중하라

연설이 끝나면 주제 문장이 머릿속에 남아야 한다. 오바마의 연설은 '분열에서 통합으로, 하나의 미국'이라는 메시지가 선명하다. 15분간 오바마가 한 모든 말은 이 하나의 주제를 강화하기 위한 논거로 채워져 있다. 이렇듯 하나의 주제에 집중하면 한 시간의 연설을 들어도 한 문장만 머리에 남는다. 5분이라는 짧은 시간의 연설이어도 주제 메시지가 두세 개 들어가면 이해가 어렵고, 기억에도 남지 않는다. 그래서 말하고자 하는 하나의 메시지와 무관한 논거는 다 지우자. 일단 떠오르는 대로 연설문을 써보고 주제와 상관없는 내용은 삭제하는 것이다. 마치 대나무를 쪼개듯 연설문이 하나의 주제에 수렴되는 느낌으로 연설문을 써야 한다. 퇴고할 때는 모든 단어와 문장이 그 메시지를 강화하는 논거가 맞는지 확인한다.

❺ 청중과 대화하라

연설은 '대중을 설득하는 말하기'라고 했다. 그런데 청중과 대화하라는 말은 무슨 의미일까? 일대일의 말하기라면 대화가 가능하겠지만 일대다의 상황에서 대화를 어떻게 할 수 있을까? 그것은 바로 '질문'을 활용하는 것이다. 질문을 하면 청중은 자연스럽게 머릿속에서 '답'을 생각한다. 그리고 연설의 분위기에 따라 그 답을 입 밖으로 소리 내어 외치기도 한다. 그런 청중의 반응을 받아서 다시 연설을 이어간다면 일대다의 말하기지만 마치 일대일로 대화하는 듯한 상황을 연출할 수 있다. 오바마도 연설의 중간중간 적절한 질문을 던지고 청중의 반응을 살피며 대화와 같은 분위기를 유도했다.

❻ 쉬운 질문을 던지라

그렇다면 어떤 질문을 해야 할까? 답은 '쉬운' 질문을 하는 것이다. 만약 오바마가 연설 현장에서 "여러분, 민주주의란 무엇입니까?"라고 물었다고 생각해보자. 혹은 "정의란 무엇입니까?"와 같은 질문도 가능하다. 그렇다면 청중은 아마도 인원수만큼 각자 다른 대답을 할 것이다. 이런 식의 질문으로는 연사가 청중과 대화를 이어가기 어렵다. 하지만 'Yes or No', 즉 예 또는 아니요로 쉽게 대답할 수 있는 질문이라면 어떨까? 청중은 마치 콘서트장에서 팬들이 스타의 노래를 '떼창'이라도 하는 듯한 목소리로 대답할 것이다. 실제로 연설에서 오바마는 "여러분, 냉소의 정치를 원하십니까, 희망의 정치를 원하십니까?"라고 물었다. 청중의 대답은 뻔하다. "희망이요!Hope" 이렇듯 쉬운 질문이란 어떤 대답이 나올지 예상되는 뻔한 질문이다. 오바마가 연습한 대본에는 "희망이요!"라는 예상 답변이 쓰여 있었을 것이다. 그 대답을 듣고 어떻게 이어나갈지 흐름까지 고려해 연설문을 구성해야 한다. 사실은 대본대로 흘러가지만 청중으로 하여금 '저 사람이 마치 나와 대화를 하는 것 같은 느낌'을 주는 것이 핵심이다. 연사와 청중의 말 주고받기에서 그 거리가 확 가까워지는 효과를 볼 수 있다. 연설이라는 하나의 퍼포먼스에 청중인 나도 함께하는 것 같은 효과를 주는 것이다. 질문을 적절히 활용하자. 쉬운 질문으로 끊임없이 청중과 대화를 이어나가 보자.

❼ 도입부에 전력을 다하라

도입부의 중요성은 아무리 강조해도 지나치지 않다. 연설의 승부는 사실 도입부인 30초에서 1분 사이에 난다. 오바마의 연설도 그랬다. "제 아버지는 케냐에서 태어났습니다. 할아버지는 백인 가정의 요리사였습니다"라는 도입부로 오바마는 청중의 흥미를 바로 잡아끌었다. 하지만 도입부가 실망스러울 때 청중의 반응은 냉정하다. 하나둘씩 휴대전화를 보기 시작한다. 지루한 연설을 듣느니 SNS를 열어 메시지를 확인하거나 딴짓을 하기 일쑤다. 안타깝지만 이렇게 되면 이미 실패한 연설이다. 하지만 도입부가 매력적이라면 청중은 계속 연설에 집중한다. 연설문을 구성할 때 가장 전력을 다해야 하는 부분이 바로 서론인 이유다. 앞의 5분의 1을 잘 썼다면, 그 연설문은 이미 잘 썼다고 볼 수 있다. 나머지는 다양한 논거를 갖다 붙일 뿐이다. 서론을 어떻게 구성해야 할지 마지막까지 깊이 고민해야 한다.

❽ 청중과 친해질 아이디어를 찾으라

한국의 청중은 대체로 보수적이다. 대다수 청중이 팔짱을 끼고 연설을 평가한다. 그렇기에 우선 청중과의 멀어진 거리를 빠르게 좁혀야 한다. 청중과 친해지려면 자기 이야기를 하는 과정도 필요하다. 청중과 친해지는 가장 좋은 방법은 유머다. 웃기 시작하면 마음이 풀어진다. 만약 자신이 아주 유명한 '셀럽급' 연설가라면 사실 그렇게 웃길 필요가 없다. 이미 청중은 그의 이야기를 받아들일 준비가 됐기 때문이다.

그런데 무명의 연설가가 연설을 한다면 상황은 달라진다. 어떻게든 웃겨야 한다. 소소한 '셀프 디스'나 센스 있는 유머로 얼어 있는 청중의 마음을 녹일 수도 있다. 핵심은 청중을 내 편으로 만들어야 한다는 것이다. 내 이야기에 청중을 끌어들일 수 있는 방법을 끊임없이 고민하며 좋은 아이디어를 찾아야 한다.

❾ 부단히 실전처럼 연습하라

오바마의 별명이 'GOD of prompter', 즉 '프롬프터의 신'이다. 전당대회 현장에도 프롬프터가 있었다. 오바마는 실제로 대부분의 연설을 프롬프터를 보고 읽었다. 프롬프터가 카메라 앵글 밖의 좌우에 있으니 번갈아 읽어도 외운 듯 자연스러워 보인다. 그렇다면 오바마는 연습 없이도 프롬프터만 있으면 연설을 잘할 수 있는 것일까? 전혀 그렇지 않다. 사실 오바마는 이 15분밖에 안 되는 짧은 연설을 위해 한 달 가까이 준비했다고 한다. 평소의 생각을 연설문으로 직접 구술 혹은 정리했고, 이를 달달 외우려는 노력을 꾸준히 한 것이다. 아마 프롬프터가 없었어도 거의 외워서 비슷하게 했을 것이다. 가끔 프롬프터가 없는 현장에선 오바마도 원고를 보면서 읽기도 한다. 사람들이 '오바마가 노래한 연설'로 기억하는 "어메이징 그레이스" 연설도 종이 원고를 보고 하는 장면이 나온다. 하지만 원고를 보느냐 아니냐가 중요한 게 아니라 얼마나 자연스럽게 할 정도로 연습했느냐가 중요하다. 연설은 먼저 원고를 완벽하게 쓰고, 쓴 글에 의존해서 말해야 한다.

미국은 전당대회 등 활발한 연설문화로 행사마다 프롬프터가 잘 구비되어 있다. 그러나 우리나라는 프롬프터가 준비된 행사가 거의 없다. 연설을 자연스럽게 하려면 외워서 할 수밖에 없다. 실제로 청소년과 청년 연설대전을 진행해보면 본선 참가자들은 연설문이 너덜너덜해질 만큼 연습한다. 연습 원고를 보면, 쉼표와 강조할 부분 등 디테일을 놓치지 않고 꼼꼼히 기록해둔다. 한 청소년 연설대전 본선 참가자의 연설문을 본 적이 있다. 그 청소년 참가자는 77개의 획으로 五를 채워나가고 있었다. 5분밖에 안 되는 연설을 77회나 연습한 것이다. 부단히 실전처럼 연습해 연설문을 완전히 나의 것으로 만든다는 자세가 중요하다. 실전 같은 연습, 부단한 연습만이 살길이다. 명연설은 철저한 준비에서 나온다.

❿ 내가 말한 대로 살라

마지막으로는, 내가 말한 대로 실천해야 한다. 그리고 연사의 인생 전체를 통해서 연설을 증명해야 한다. 즉, 연사가 자신의 말대로 살아야 그 연설이 '명연설'이 될 수 있다. 말은 멋있는데 연사가 자신이 불리한 상황이 되니 말을 바꾼다면, 연설의 가치는 떨어진다. 연설의 진정성도 없어진다. 민주주의를 외치던 정치인이 자신이 불리해지니 경선에 불복하거나 약속을 지키지 않는 행태를 보인다면 그런 연사의 연설은 명연설로 지속될 수 없다. 그 말이 준 쾌감은 잠시뿐이다. 마틴 루터 킹, 김대중, 노무현은 자신의 연설을 지키기 위해 끊임없이 투쟁하고 노력해온 연설가다. 심지어 자신의 연설을 지키기 위해 목숨까지 내놓기도 한다. 오바마도 임기 내내 어려운 정치 환경 속에서도 자신의 연설 내용을 실천에 옮기려고 분투했다. 임기를 마친 지금도 자신이 연설한 대로 살고 있다. 연설의 완성은 한 사람의 인생이다. 내가 한 말은 지키겠다는 각오로 연설문을 써야 한다. 그래야 연설이 끝까지 살아남을 수 있고, 명연설로 역사에 기록될 것이다.

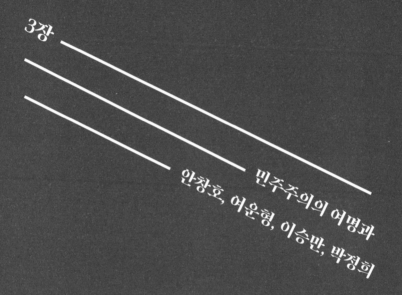

3장

민주주의의 여명과
안창호, 여운형, 이승만, 박정희

'글'에서 '말'로 설득의 중심이 옮겨지다.

조선시대에도 연설을 했을까

＼

　공중파 방송에서 고려 말의 개혁가이자 조선의 설계자인 '정도전'을 소재로 한 드라마가 수차례 방영됐다. KBS의 〈정도전〉, SBS의 〈육룡이 나르샤〉를 들 수 있다. 두 드라마 모두 클라이맥스 장면에서 정도전이 연설을 하는 장면을 볼 수 있다. 북벌을 꿈꾸는 정도전이 장병들 앞에서 "포기하지 말고, 도전해라! 이것이 너희의 혁명이다"라며 외치는 대사도 있다. 장병들의 사기를 고무하는 이 장면은 드라마 엔딩을 장식했다.

　〈육룡이 나르샤〉에서는 젊은 태종 이방원 역을 맡은 유아인이 정도전 배역의 김명민에게 매료되는 장면이 있다. 극중 상황은 토지개혁을 위한 양전 사업이 비밀조직 '무명'의 방해로 제대로 진행되지 않자 정도전이 급진적인 분배정책인 '계민수전'을 일단 뒤로 미루고 토지개혁을 시작하기로 결심할 때다. 정도전은 백성과 권문세족이 보는 앞에서 고려의 모든 토지대장을 쌓아놓고 외친다.

"이 토지들은 모두 백성으로부터 가렴주구해서 뺏은 것이다. 정치는 분배다. 누군가의 것을 뺏어 누군가에게 나눠주는 것이다. 누구 것을 뺏고 누구에게 나눠줘야 하는가?"

그는 권문세족의 땅을 뺏어 백성에게 나눠줘야 한다고 연설한다. 정도전의 연설은 백성의 울분을 용기로 바꿨다. 권문세족이 보는 앞에서도 백성들은 앞다투어 토지대장에 불을 질렀다. 정도전은 "이제 이 땅은 새롭게 태어나는 것이외다"라고 소리쳤고 고려의 모든 토지대장은 불타 토지개혁이 본격적으로 시작됐다. 이때 이방원은 조용히 속으로 말한다.

'나는 저 사내가 여전히 좋다.'

물론 드라마 작가의 상상이겠지만 드라마에서도 연설의 힘을 느낄 수 있는 장면이다. 하지만 실상은 어땠을까? 정도전뿐만 아니라 삼국시대, 고려시대, 조선시대 등 근대 이전 한반도에 연설을 잘하는 정치인이 과연 있었을까? 흔히 고려의 외교가 서희를 꼽는다. 그러나 서희는 거란과의 외교 담판, 즉 정치적 토론을 잘한 것이지 대중을 상대로 연설을 한 정치인은 아니다.

그렇다면 역대 왕조의 왕들은 어땠을까? 사실 왕이 대중을 상대로 굳이 연설을 할 필요가 있었을까? 아마도 개국 초기 몇몇 왕을 제외하면 굳이 백성을 상대로 연설을 한 왕은 없었을 것이다. 그렇다면 왜 근대 이전에는 연설이 필요 없었는지 혹은 왜 유교정치 시대에는 연설이 필요하지 않았는지 물음이 생긴다.

말보다 글을 중시한 유교정치의 특징

동양의 유교 정치문화권에서는 사실 연설이 필요하지 않다. 연설은 대중을 설득하는 말하기다. 그런데 과연 왕이 대중을 설득할 필요가 있었을까? 없다. 왕조 초기의 개국 군주를 제외하면 군주의 정당성은 혈통에서 나온다. 이미 태어나면서부터 왕이 될 정당성을 가지고 태어났기 때문에 백성을 군이 설득해야 할 필요성이 없다. 신하도 마찬가지다. 군주정에서의 신하는 군주만 잘 설득하면 된다. 그 때문에 유교 정치문화권에서 강조되는 것은 말보다 글이다. 상소만 잘 쓰면 되는 이유다.

논어에 "교언영색 선의인巧言令色 鮮矣仁"이란 말이 있다. "듣기 좋은 말과 잘 꾸민 낯빛에는 인仁이 드물도다!" 쉽게 말해 말 잘하고 얼굴빛이 좋은 사람치고 착한 사람이 없다는 뜻이다. 유교 정치권에서 화려한 언변을 구사하는 사람은 경계 대상이었다.

또 "군자 욕눌어언이민어행君子 欲訥於言而敏於行."이란 말도 있다. 군자는 말할 때는 어눌하게 하고 행동할 때는 민첩하게 한다는 뜻이다. 기본적으로 유교문화권에서는 말 잘하는 것을 좋게 보지 않은 셈이다.

중국의 춘추전국시대에는 '소진'과 '장의'라는 유세가가 있었다. 같은 스승 밑에서 배운 두 사람은 급성장하는 진나라의 패권에 맞서 한 사람은 '합종책'을, 또 한 사람은 '연횡책'을 주장했다. '합종연횡'이라는 고사성어의 주인공이 된 것이다. 이들은 전국을 다니며 군주들을 만나 자신의 주장을 설득했고, 둘 다 한때 재상의 지위까지 올라갔다.

이들의 직업 '유세가'는, 지금으로 하면 전문적인 '연설가'라고 할 수 있다. 그만큼 고대 중국에서도 초기에는 '말'이 중요했다는 뜻이다. 하지만 춘추전국시대는 아직 유교정치가 자리 잡기 전이었다. 춘추전국시대가 끝나고 천하가 통일된 후 한나라를 거쳐 유교가 중국 정치의 이데올로기로 자리 잡자 이런 '유세가'의 시대도 끝이 난다.

유교정치 시대에는 오히려 말보다 '명필'과 '필력'을 가진 인재, 즉 '글'을 강조했다. 조정에 있는 일부 신하를 제외하면 대부분의 사대부들이 말보다 글로 왕과 의사소통을 했기 때문이다. 지방에 있는 선비들도 왕에게 상소문만 잘 쓰면 왕을 설득할 수 있고, 정책도 바꿀 수 있었다. 말보다 글이 우선인 세상이다. 왕이나 소수의 사대부, 귀족에게 의사결정권이 있는 봉건적인 유교 문화권에서 말이 수단인 연설이 필요 없는 이유다.

거듭 강조하지만 연설의 목적은 대중을 설득하는 데 있다. 그들이 설득할 사람은 대중이 아닌 왕이다. 전투를 앞둔 장군 정도가 장병의 사기 진작을 위해 연설을 하기도 했지만, 그 밖에 유교 문화권에서 정치인이 대중을 상대로 연설하는 모습은 낯선 모습으로 볼 수밖에 없다.

그렇다면 언제부터 우리나라에 연설이 들어왔을까? 근대로 넘어와 민주주의의 여명기인 구한말 당시 최초의 연설문화를 살펴보자.

만민공동회의 연설스타, 이승만과 안창호

우리나라의 역사 기록을 살펴보면, 구한말 최고의 연설 스타로 떠오른 두 청년이 있다. 바로 우남 이승만과 도산 안창호다. 만민공동회가 배출한 청년 정치인들이다. 구한말 당시 독립협회는 만민공동회를 열었다. 교과서에서 배웠겠지만, 만민공동회의 이해를 돕기 위해 촛불집회를 떠올려보자. 촛불집회에는 누구나 자유롭게 마이크를 잡고 자신의 생각을 말하는 시민 자유발언 무대가 있었다. 청소년이 자유발언을 해도 집회 참가자들은 열광적인 박수와 지지를 보낸다. 지금의 촛불집회처럼 당시 만민공동회 자유발언에서 아직 청년이었던 이승만과 안창호가 마이크를 잡았다고 생각하면 된다.

물론 둘이 한 무대에서 연설한 것은 아니다. 이승만은 서울, 안창호는 평양에서 활동했기 때문이다. 어쨌든 독립협회가 자주 · 민권 · 자강운동을 전개하던 시기에 그들은 주로 만민공동회 운동에 앞장섰던 청년들이었다. 1905년 이후에는 각자 관련 분야에서 국권 회복을 위한 실력양성운동으로써 교육구국운동을 중심으로 한 애국계몽운동을 전개했다. 대중의 민도를 높여서 조선왕실을 입헌군주제로 전환할 구상까지 품었던 독립협회가 이런 '연설' 무대를 만들었다는 점은 의미심장하다.

안창호는 독립협회 관서지부를 조직하고 책임자로도 활동했다. 평양부 쾌재정에서 만민공동회 관서지회를 개최해 강연에 연사 중 한 명으로 참석했다. 이때 그는 청년 웅변가로 명성을 얻었다. 이광수가 쓴 그의 전기를 보면, 이광수는 안창호를 '쾌재정의 웅변가'로 기억한다. 이후 안창호는 상해, 만주 일대를 다니면서 조선인이 있는 곳이라면 어디든 순회강연을 다니기도 했고, 연사로 초빙되기도 했다.

tvN 드라마 〈미스터션샤인〉에선 주인공 '유진 초이'가 미국에서 이 당시의 도산 안창호를 만나는 장면도 나온다. 이 드라마에서 안창

호는 자신을 '의병'이라고 소개한다. '연설'을 무기로 활동하는 의병이었던 셈이다. 청년 이승만과 안창호의 연설은 엄청난 현장 호응을 받을 뿐만 아니라 독립신문에도 실릴 정도로 전국적으로 유명해졌다. 두 청년이 젊은 독립운동가로 조선의 백성에게 주목을 받은 계기도 바로 연설의 유명세를 통해서다.

그렇다면 1919년 임시정부의 국무총리 대리를 역임한 도산 안창호의 상하이 북경로 예배당 연설문을 살펴보자. 하도산이 편저한 《역사를 만든 한국의 명연설》(팔복원, 2015) 에서 발췌한다.

🎤 구주대전이 휴전되자 이곳에서 기期치 않고 기와 같이 일석—席에 상면을 얻게 됨을 무한 기뻐하는 바입니다. 우리 민족의 수는 2천만, 우리 민족의 역사는 4천여 년, 국토는 3천 리, 전 세계의 국별로 비해 본다면 적은 수도 아니요 작은 국토도 아닙니다. 역사로는 동양에서 제2입니다. 이런 오랜 역사에는 찬란한 페이지도 적지 않았습니다.

그러나 지난 경술국치로 금일 이 비참한 환경 속에서 신음하게 된 그 원인은 무엇이냐? 우리는 고요한 밤, 두 손을 가슴에 얹고 곰곰이 생각해보십시다. 우선 이조 5백 년 역사는 당파 싸움의 역사입니다. 나랏일을 위하여서 하는 당파 싸움이면 나라가 망할 수 없겠지요마는, 당파만을 위하는 사리사욕뿐이기 때문에 나라가 망한 것이요, 정권을 탐내는 목적이 적의 당파를 섬멸하고 국가를 당파의 난중 물로 만들려고 하는데 보십시오!

(중략)

저는 아무것도 하지 아니하면서, 무엇을 하고 있는 남을 비판하기만 일삼았습니다. 그 자비自非를 식飾하고 타인에게는 책합니다. 저는 아무것도 할 것이 없으니까 책임이 없습니다. 또 제게는 잘못이 있더라도 꾸며버립니다. 남이 애써 했더라도 왜 더 잘 못하였느냐고, 그렇게 해서 쓰겠느냐고 자책합니다. 그러므로 모든 죄과는 다 무슨 일을 한다는 남들에게 있다고 보고, 저는 권외에서 험담이나 하는 사람으로 압니다.

그러하기 때문에 이조 5백년에 경제적으로나 문화적으로나 위대한 유산이 적고, 오직 갑론을박뿐으로 협조를 모르고 음해뿐이요, 찬양을 모르고 훼손뿐이요, 동족상반, 골육상쟁, 산비酸鼻할 기록이 있을 뿐입니다. 심지어 이렇다 할 건물이나 토목공사 하나 크게 자랑할 것이 없지 아니합니까? 그리고 우리 2천만 동포는 거의 책임을 모르고 저의 입장을 망각하는 데 큰 두통거리입니다.

여러분! 망국의 책임자가 누구요? 언필칭 우리나라를 팔아먹은 사람을 이완용, 이용구라고 하지요. 우리 2천만 대한 국민 속에는 네나 내나 죄다 들지 않습니까? 그러면 이완용, 이용구로 하여금 나라를 팔게 한 것이 우리 국민이니 나를 뺀 국민이 어디 있소!

그런데 우리는 일본을 원망하고, 이완용을 원망하고, 우리 국민의 무기력함을 원망하고, 심지어 우리 조상을 원망하고, 선배를 원망하였으나, 일찍이 한 번도 나 자신을 원망한 일은 없었소. 마치 망국의 죄는 다 남에게 있고 나 하나만이 무죄한 피고자인 것처럼 생각하고 있었으니, 이것이 책임 전가가 아니고 무엇이오!

가령 어떤 집이 하나 있고, 그 집에 주인도 있고 나그네나 고용인이 있다고 하면, 그들에게 무슨 차이가 있을까요? 주인은 그 집이 제집이므로 그것을 사랑하고 아끼고 언제나 그것을 생각하고 그것을 잘되게 하기 위하여 힘쓸 것이오. 나그네나 고용인은 그 집이 제집이 아니기 때문에 제가 편안할 것만 생각하지 그 집 생각은 아니할 것이오.

묻노니 우리 2천만 민족에는 우리나라의 주인으로 자처하는 이가 많은가요? 나그네나 고용인으로 자처하는 이가 많은가요? 제집을 아끼고 사랑하고 제집이 잘되기 위하여 힘든 줄 모르고 일하듯이 제 나라를 위하여서 정성과 힘을 다하는 사람이 주인이라면 우리 민족 중에는 주인이 극히 많다고 생각하오.

이완용은 3천 리를 제집으로 생각하고 그 천만대 후손을 제 식구로 생각하였을까요? 이완용은 제가 한국의 주인이라고 생각하였을까요? 제가 주인이라고 생각하였던들 이완용은 결코 합병조약에 도장을 아니 찍었을 것이오. 만일 일본인이 이완용의 가대와 전토와 자녀를 일본인에게 바치는 도장을 찍으라 하였다면, 아마 그는 죽어도 아니 찍었을 것이오. 그는 아직 대한황제의 나라, 또 2천만 민족의 나라를 팔아서 제집 하나만을 잘 살 수 있으리라고 생각하였기 때문에 합병조약에 도장을 찍었다고 생각하오. 마치 고용인이 주인집 가산을 팔아서 제 재산을 만드는 심리와 같은 것이라고 생각하오.

우리나라에는 나라를 팔아먹은 자가 이완용 하나뿐일까요? 나라를 제 것으로 알고 제가 나라의 주인으로 알지 아니하는 사람은 누구나 이완용 모양으로 나라를 팔아먹을 수 있다고 생각하오.

그러면 우리나라의 주인은 누구요? 대한민국 임시정부, 대한민국 임시정부의 주인은 누구요? 대통령? 대통령의 주인은 누구요? 대한민국? 우리 2천만 민족 대한 국민? 우리 2천만 민족은 누구요? 우리들 모두? 우리들 모두란 누구요? "대한민국아 나서라" 하고 하나님께서 부르신다면, "예" 하고 나갈 자가 누구요? 나는 "나 안창호"라고 대답할 것이오. 여러분도 각자 "나외다, 나외다" 할 것이니, 우리 대한 사람은 남자나 여자나 저마다 다 대한 국민이요, 저마다 대한의 주인이요, 대한민국 정부의 주인이오.

대통령은 우리가 뽑아서 우리의 대표로 우리의 지도자로 내세웠고, 우리는 그에게 이러한 법률에 의하여 이러한 일을 하여달라로 부탁하였고, 그는 "그리 하마"라고 약속하였소. 그 '우리'라는 것은 곧 '나'요. '우리'라는 말이 심히 좋은 말이거니와 이 말을 책임전가나 책임회피에 이용하는 것은 비천한 일이오.

(중략)

그러므로 나는 금일 경술국치에 대하여 우리나라를 망하게 한 것이 일본도 아니요, 이완용도 아니오. 그러면 우리나라를 망하게 한 책임자가 누구요? 그것은 다 나 자신이오. 내가 왜 일본으로 하여금 내 조국에 호아를 박게 하였으며, 내가 왜 이완용으로 하여금 매국을 용허하였나. 그러므로 망국의 책임자는 곧 나 자신이오.

(중략)

그리하여 최후 결론을 이렇게 외칩니다. 그대는 나라를 사랑하는가? 그러하거든 먼저 그대가 건전한 인격이 돼라. 중생의 질고를 어여삐 여기거든 그대가 먼저 의사가 돼라. 의사까지는 못 되더라도 그대의 병부터 고쳐서 건전한 사람이 돼라.

1919년은 3.1 운동이 일어난 해이자 1910년 경술국치를 당한 기억이 민족의 기억 속에 여전히 생생히 살아 있던 시절이다. 경술국치의 책임은 누구에게 있을까? 누구나 이왕용을 비롯한 '을사 5적'과

매국노들을 떠올린다. 혹은 무능한 군주였던 고종과 권력투쟁에만 골몰했던 민씨 외척을 떠올릴지도 모른다. 하지만 그런 태도야말로 '책임 회피'라고 안창호는 일갈한다.

진정한 국가의 주인이라면 왜 그런 치욕을 막기 위해 더 열심히 노력하지 않았단 말인가? 국가를 만드는 것은 국민 개개인이다. 안창호는 '망국의 책임자는 바로 나 자신'이라며 먼저 스스로를 탓한다. 그리고 우리 모두가 따지고 보면 망국의 책임자였음을 고발한다. 이는 우리 모두의 자기 개조와 혁신으로 이어져야 잃어버린 국권을 되찾을 수 있다는 민족에 대한 절박한 호소로 이어진다.

많은 이들이 안주해 있던 상식을 깨뜨리고 잠든 민족의 뒤통수를 후려갈기는 듯한 명연설이다. 지금도 서울 강남에 있는 도산공원에 가면 그를 기리는 비석에 이렇게 쓰여 있다.

그대는 나라를 사랑하는가? 그럼 먼저 그대가 건전한 인격이 돼라. 우리 중에 인물이 없는 것은 인물이 되려고 마음먹고 힘쓰는 사람이 없는 까닭이다. 인물이 없다고 한탄하는 그 사람 자신이 왜 인물이 될 공부를 아니 하는가?

비운의 명연설가 몽양 여운형

도산 안창호와 함께 독립운동기에 두드러진 두 인물로 백범 김구와 몽양 여운형을 들 수 있다. 김구는 상해, 충칭 등에서 대한민국 임시정부를 이끌며 무장 독립투쟁을 지휘했다. 윤봉길과 이봉창 의사의 의거 배후에 김구가 있었다. 그는 1945년 광복군을 조직해 서울진공작전을 계획하기도 했다.

몽양은 상해 임시정부 초창기 임원으로 해외 독립운동에도 가담했지만 주로 체육계, 언론계 등 국내에서 활발하게 활동했다. 1933년 조선중앙일보사 사장직에 취임했으며, 1934년 조선체육회 회장직을 맡았다. 1936년 베를린 올림픽 마라톤에서 우승한 손기정 선수의 일장기 말소사건에도 관여했고, 이후 신문이 폐간되어 사장직에서 물러났다. 즉, 국내에서는 몽양 여운형이, 상해에서는 백범 김구가 독립운동의 주축이 된 것이다.

백범 김구와 몽양 여운형의 연설

근대적 의미의 정치인으로서 백범과 몽양의 연설 능력을 비교 평가하자면 사실 자료가 부족하다. 식민통치 시대는 말과 글로 대중을 설득해 뜻을 이루기 어려웠던 시대다. 정상적인 민주 정치가 불가능했던 시절이다. 김구는 일제의 정치 지도부를 대상으로 암살을 계획하거나 독립군을 조직하는 등 무장투쟁으로 대항할 수밖에 없었다.

그렇지만 해방 이후 임정이 귀국하자 김구도 정치인으로서 활동을 시작했다. 대중을 대상으로 연설을 할 기회도 많았을 것이다. 예를 들어 1948년 4월 26일, 남한의 김구와 김규식, 북한의 김일성과 김두봉이 참가하는 4자 회담이 열렸다. 북한으로 향하기 전 김구는 "삼천만 동포에게 읍고함"이라는 연설을 통해 "통일된 조국을 건설하려다가 38선을 베고 쓰러질지언정, 일신에 구차한 안일을 위하여 단독

정부를 세우는 데는 협력하지 아니하겠다"라는 유명한 말을 남겼다.

그런데 많은 사람이 그의 명언은 기억하지만, 명연설가로서 김구를 기억하는 사람은 많지 않다. 실제로 4자 회담 전 가졌던 연설에 김구 스스로 연설에 능하지 않다는 점을 인정하는 대목이 있다. 이 연설은 유튜브에서 검색하면 지금도 육성 영상이 남아 있다.

🎤 본인은 일찍이 글을 배우지 못하여 무식해서 따라서 말도 할 줄 모르기 때문에 몇 마디 글자를 적어가지고 나왔습니다. 친애하는 의장단과 각 정당, 단체 대표 여러분! 조국 분열의 위기를 만구하기 위하여 남북의 열렬한 애국자들이 이 땅에 회집하여 민주자주의 통일 독립을 전취할 대계를 상토하게 된 것은 실로 우리 독립운동사의 위대한 발전이며, 이와 같은 성대한 회합에 본인이 참석하게 된 것을 큰 영광으로 생각합니다.

김구는 스스로 배움의 기회가 없었다고 했다. 동학농민운동에 참여한 후 일본의 낭인들이 민비를 시해한 을미사변이 일어나자 청년 김구는 당시 일제에 격분해 일본인을 살해하고 교도소에 갇히기도 했다. 이 일화는 〈대장 김창수〉라는 영화로도 만들어졌는데, 당시 투옥 중 구명운동이 일어나 기적처럼 살아남을 수 있었다. 이후 김구는 만주로 건너가 무장 독립운동과 상해 임시정부에 참여했다. 정치인 김구보다 독립운동가 김구로 많은 사람들이 그를 기억하는 이유다.

당시 말과 글을 배울 수 있는 기회뿐만 아니라 말과 글로 하는 정치활동의 기회도 없었기에 그의 연설이 대중과 호응을 주고받는 일반적인 대중연설에는 미치지 못할 수도 있다는 생각이 든다. 원고의 어투도 구어체보다 문어체다. 연설보다는 기념사나 축사 낭독에 더 가깝다. 민주주의 시대에 대중연설에 능통한 정치인이라기보다 비타협적 독립운동을 하기에 적합한 인물이라고 볼 수 있다.

이와 관련해 20세기 한국의 대표적인 민주주의 정치인인 김대중 대통령이 서거 후 펴낸 《김대중 자서전》의 앞부분에 이 시절 백범 김구의 활동을 평가한 부분이 있다.

> 김구 선생을 감히 평한다면 길이 빛날 독립투사였으며 절세의 애국자였지만 정치인으로는 아쉬웠던 점이 있었다고 생각한다. '좌우 합작' 논의가 있을 때 선생은 그 속으로 뛰어들었어야 했다. 분단을 막아야 한다면 처음부터 적극적으로 행동에 나서야 했다. 그리고 신탁통치를 무조건 반대만 할 것이 아니라 시한부 신탁통치를 받아들여 4년이나 5년 후에 독립을 모색했어야 했다. (중략) 김구 선생의 귀국 이후 행적을 현실정치의 잣대로 들이대면 그리 들춰낼 만한 것이 없을 정도이다.
> – 김대중 저, 《김대중 자서전》, 1권, 삼인출판사, 2010, 67~68쪽

'감히' 김구를 비판적으로 평하는 것은 한국 정치에서 금기시되지만, 노벨평화상까지 받은 '정치9단' 김대중이었기에 할 수 있는 언급이었다고 생각한다. 말과 글을 제대로 훈련받지 못한 채 해방 공간이라는 새로운 정치의 공간에 던져진 김구는 대화와 타협에 나서기보다 독립운동가처럼 자신에게 익숙한 투쟁 방법을 택했고, 결국 뒤늦게 북한과의 4자 대화에 나서기도 했지만 그리 만족할 만한 결과를 얻지 못했다.

그에 비해 몽양 여운형은 독립운동가지만 근대적 의미의 정치인에 가장 가까운 인물이라고 할 수 있다. 그는 양평 지역에서 유복한 양반가문 출신이었다. 젊은 시절 뜻한 바가 있어 가솔 등 노비를 다 해방시켰다. 1914년 중국으로 건너가 난징에서 활동하다가 1917년 상해로 활동무대를 옮기고 독립운동에 투신했다. 1918년에 상해고려인친목회를 조직해 총무로 활동하기도 했다. 신한청년당에서도 총무로 활약했다.

제1차 세계대전이 일어난 후, 김규식을 파리평화회의에 대표로 파견하여 국제사회에 한국의 상황을 알리는 데 힘썼다. 동시에 한국에서 독립을 희망하는 목소리가 터져 나와야 국제사회에도 알릴 수 있다고 생각해 장덕수를 일본에 파견하여 2.8 독립선언을 벌이도록 했다. 자신이 직접 시베리아 방면으로 가서 3.1 만세운동의 분위기를 만드는 데 주력하기도 했다. 그는 3.1 운동이 일어날 수 있게 기획한 산파 역할을 한 인물이다. 1919년 상해임시정부의 수립에 힘썼으며 임시의정원 의원과 외무부 차장으로 활동했다.

몽양의 연설 실력이 빛을 발한 계기가 있었다. 1919년 3.1 운동이 전국적으로 일어나면서 일본 조야가 발칵 뒤집혔다. 식민통치 10년

만에 어느 정도 안정됐다고 여겼던 한반도 전역에서 갑자기 민족적 저항이 터져 나오니 일본 정계도 당황한 것이다. 한반도에 철로가 깔리고, 전기가 들어오는 조선의 근대화가 이루어지고 있는데, 조선인의 저항을 보니 일본 입장에서는 의아했던 모양이다. 우리로서는 황당한 이야기지만 원래 가해자의 마음이라는 게 그렇다.

이에 일본 조야는 '조선인 교화'를 목적으로 대한민국 임시정부의 외무부 차장인 여운형을 일본으로 초대한다. 훗날 일제의 탄압이 가혹해진 뒤에는 상상할 수 없는 일이지만, 이른바 '문화통치' 기간이었기 때문에 가능한 일이었다. 같은 해 11월, 여운형은 일본 유학생활을 했던 설산 장덕수와 함께 국빈 자격으로 일본 제국호텔에서 일제 고위관리들과 회담을 갖고 기자회견을 했다. 그 자리에서 일본의 식민통치 논리를 반박하고 조선의 즉시 독립을 주장했다. 당시 연설문을 보자.

🎙 나에게는 독립운동이 평생의 사업입니다. 구주전란이 일어났을 때 나와 우리 조선이 독립국가로 대전에 참가치 못하고 동양 한 모퉁이에 쭈그리고 앉아 우두커니 방관만 하고 있는 것이 심히 유감스러웠습니다. 그러나 우리 한민족의 장래가 신세계 역사의 한 페이지를 차지할 시기가 반드시 오리라고 자신했습니다. 그러므로 나는 표연飄然히 고국을 떠나 상해에서 나그네로 있었습니다.

　작년 1918년 11월에 대전이 끝나고 상해의 각 사원에는 평화의 종소리가 울리었습니다. 우리는 신의 사명이 머리 위에 내린 듯하였습니다. 그리하여 활동을 시작하였습니다. 먼저 동지 김규식을 파리에 보내고 3월 1

일에는 내지內地에서 독립운동이 돌발하여 독립만세를 절규하였습니다. 곧 대한민족이 전부 각성하였습니다. 주린 자는 먹을 것을 찾고, 목마른 자는 마실 것을 찾는 것은 자기의 생존을 위한 인간 자연의 원리입니다.

이것을 막을 자가 있겠습니까! 일본인에게 생존권이 있다면 우리 한민족에게는 홀로 생존권이 없을 것입니까! 일본인에게 생존권이 있다는 것은 한인이 긍정하는 바이오, 한인이 민족적 자각으로 자유와 평등을 요구하는 것은 신이 허락하는 바입니다.

일본 정부는 이것을 방해할 무슨 권리가 있습니까? 이제 세계는 약소민족 해방, 부인 해방, 노동자 해방 등 세계 개조를 부르짖고 있습니다. 이것은 일본을 포함한 세계적 운동입니다. 조선의 독립운동은 세계의 대세요, 신의 뜻이요, 한민족의 각성입니다.

새벽에 어느 집에서 닭이 울면 이웃집 닭이 따라 우는 것은, 다른 닭이 운다고 우는 것이 아니고 때가 와서 우는 것입니다. 때가 와서 생존권이 양심적으로 발작된 것이 조선의 독립운동입니다. 결코 민족자결주의에 도취한 것이 아닙니다. 신은 오직 평화와 행복을 우리에게 주려 하십니다. 과거의 약탈, 살육을 중지하고 세계를 개조하는 것이 신의 뜻입니다. 세계를 개척하고 개조로 달려 나가 평화적 천지를 만드는 것이 우리 사명입니다.

우리의 선조는 칼과 총으로 서로 죽였으나 이후로는 서로 붙들고 돕지 않으면 안 됩니다. 신은 세계의 장벽을 허락하지 않습니다. 이때에 일본이 자유를 부르짖는 한인에게 순전히 자기 이익만을 가지고 한국 합병의 필요를 말했습니다.

첫째, '일본은 자기방위를 위하여 조선을 합병하지 않을 수 없다'고 합니다. 그러나 러시아 차제此際에 무너진 이상 그 이유가 성립되지 않습니다. 조선이 독립한 후라야 동양이 참으로 단결할 수 있습니다. 실상 일본의 의도는 이익을 위했던 것이었을 뿐입니다.

둘째, '조선은 독립을 유지할 실력이 없다'고 합니다. 우리는 과연 병력이 없습니다. 그러나 이제 한민족은 깨어났습니다. 열화 같은 애국심이 이제 폭발하였습니다. 붉은 피와 생명으로써 조국의 독립에 이바지하려는 것을 무시할 수 있겠습니까? 일본이 조선의 독립을 승인하면 조선에는 적이 없습니다. 서쪽 이웃인 중화민국은 확실히 조선과 친선할 것입니다.

일본이 솔선하여 조선의 독립을 승인하는 날이면 조선은 마땅히 일본과 친선할 것입니다. 우리의 건설국가는 인민이 주인이 되어 인민을 다스리는 국가일 것입니다. 이 민주공화국은 대한민족의 절대적 요구요, 세계 대세의 요구입니다.

– 여운형 도쿄 제국호텔 기자회견 연설

일본 유학파인 설산 장덕수의 명통역을 통해 불을 뿜는 듯한 그의 사자후 연설이 끝나자 모두가 일본인이라는 자신의 처지도 잊은 채 박수갈채를 아끼지 않았다고 한다. 동경제대의 요시노 교수란 인물은 "여 씨의 주장 가운데는 확실히 하나의 침범하기 어려운 정의의 섬광이 엿보인다"라고 격찬했다는 기록도 있다. 여운형의 연설은 한국뿐만 아니라 일본신문에도 보도될 만큼 유명했다. 일본 정부 논리를 격파하는 여운형의 연설을 보며, 일본 내 항의가 속출했다. 이 연설은 일본의 하라 내각이 총 사퇴하는 계기가 됐다.

해방이 되자 다시 한번 몽양의 연설 실력이 빛을 발하기 시작했다. 여운형은 일제의 패망에 대비해 자신이 조직한 건국동맹을 주축으로 건국준비위원회를 발족한다. 그리고 8.15 광복이 이루어진 다음 날인 8월 16일 오후 1시, 서울의 휘문중학교 운동장에서 몽양은 연설회를 열었다. 이 연설에서 해방된 우리 민족이 앞으로 세워야 하는 나라는 어떤 나라인지 역설했다. 새로운 나라의 비전을 선포한 것이다. 운동장 가운데 원탁형 무대를 만들어 모든 청중을 아우르는 대연설이었다고 전해진다.

🎤 조선민족의 해방의 날은 왔습니다. 어제 15일, 엔도가 나를 불러가지고 '과거 두 민족이 합하였던 것이 조선에게 잘못됐던가는 다시 말하고 싶지 않다. 오늘날 나누는 때에 서로 좋게 나누는 것이 좋겠다. 오해로 피를 흘리고 불상사를 일으키지 않도록 민중을 지도하여주기를 바란다'고 하였습니다. 나는 다섯 가지 조건을 요구하였습니다. 그리하여 총독부로부터 치안권과 행정권을 이양받았습니다.

이제 우리 민족은 새 역사의 일보를 내딛게 되었습니다. 우리 민족해방의 제일보를 내딛게 되었으니 우리가 지난날의 아프고 쓰리던 것을 이 자리에서 다 잊어버리고 이 땅에다 합리적이고 이상적인 낙원을 건설하여야 합니다. 이때는 개인적 영웅주의는 단연 없애고 끝까지 집단적으로 일사불란의 단결로 나아갑시다! 머지않아 연합군 군대가 입성할 터이며, 그들이 오면 우리 민족의 모양을 그대로 보게 될 터이니 우리들의 태도는 조금도 부끄럼이 없이 합시다.

세계 각국은 우리들을 주시할 것입니다. 그리고 백기를 든 일본의 심흉을 잘 살핍시다. 물론 우리는 통쾌한 마음을 금할 수 없습니다. 그러나 그들에 대하여 우리들의 아량을 보입시다. 세계문화 건설에 백두산 밑에서 자라난 우리민족의 힘을 바칩시다. 이미 전문, 대학, 중학생의 경비대원이 배치되었습니다. 이제 곧 여러 곳으로부터 훌륭한 지도자가 들어오게 될 터이니 그들이 올 때까지 우리들의 힘은 적으나마 서로 협력하지 않으면 안 될 것입니다.
- 건준위원장 呂運亨, 엔도와의 회담경과 보고,
매일신보, 1945. 8. 17.

아쉬운 점은 육성 연설 자료가 남아 있는 백범 김구와 달리 여운형은 매일신보의 기사로 연설문 기록은 일부 남아 있지만 음원이 남아 있지 않다는 점이다. 당대 민중의 마음을 휘어잡은 몽양의 사자후를 다시 들을 수 없다는 것은 후손으로서 참으로 안타까운 대목이다. 몽양은 이승만이 귀국한 후 좌우의 극단적인 정치분열 과정에서 수차례 암살 위협을 받았다.

그럼에도 끊임없이 대중연설을 하고 대화와 타협을 하며 좌우합작을 추진했다. 그의 말과 글을 두려워한 정적들은 그를 진짜 '무기'로 공격했다. 배후가 아직도 확실하지 않지만, 아홉 번의 암살 시도 끝에 결국 혜화동 로터리에서 괴한의 권총에 의해 암살됐다. 해방 공간에서 활약한 가장 연설능력이 뛰어난 정치인이었지만, 대한민국 건국을 끝까지 함께하지 못한 채 비운의 죽음을 맞은 것이다. 그에 대한 김대중의 평가를 다시 살펴보자.

좌우합작의 중심인물인 여운형의 피살은 한마디로 충격이었다. 그는 1947년 7월 19일 대낮 거리에서 총격을 받고 숨졌다. 범인은 19세 청년으로 반공주의자였다. 여운형은 해방 공간에서 민족을 구하려 동분서주했던 빼어난 인물이었다. 사람들은 그분이 이념에 희생되었다고 했다. 하지만 엄밀히 따져보면 이념을 내세우고 뒤로는 권력을 잡으려는 무리들의 탐욕에 희생되었다. 참으로 개탄스러운 일이었다. 여운형의 죽음으로 좌우합작은 사실상 좌절되었다.

― 김대중 저, 《김대중 자서전》, 1권, 삼인출판사, 2010, 65쪽

말과 글이 무기였던 정치인인 김대중이 자신과 동류인 여운형의 죽음에 대해 얼마나 안타까워했는지가 잘 느껴지는 대목이다. 만약 몽양이 끝까지 살아 있었다면 이승만 대통령의 강력한 라이벌이 되지 않았을까? 또한 대한민국 건국의 아버지로 오래도록 기억됐을 것이다. 미국의 토마스 제퍼슨이나 조지 워싱턴처럼 말이다.

이승만, 박정희 대통령의 연설

　　이승만 대통령이 청년시절 연설로 유명했다는 점은 이미 언급했다. 그는 독립협회의 만민공동회가 배출한 연설 스타였다. 하지만 40년의 세월이 흐른 뒤 해방을 맞아 귀국한 이승만은 이미 70세가 넘은 노인이었다. 그 때문에 당시 한국인들은 이승만의 '리즈 시절' 연설은 보지 못했다.

　　하지만 해방 후에도 그는 연설을 잘했다고 전해진다. 자료가 없어 청년 이승만의 목소리를 직접 들을 수 없지만, 단독정부를 천명한 '정읍 발언'이 역사 속에서 중요하게 회자되는 것만 봐도 당시 그의 뛰어난 연설 능력은 짐작할 수 있다. 1945년 10월 20일 미국에서 환국한 지 4일째인 그가 처음으로 대중 앞에서 행한 연설문을 보자.

　　이 자리에서 여러분 시민을 대함에 있어서 무엇이라고 감상을 표현해야 될는지 모르겠습니다. 이번에 내가 미국에서 귀국한 것은 한 시민으로, 한 평민으로 온 것입니다. 나는 평민의 자격을 좋아합니다.

그러므로 정부의 책임자가 되기를 원치 않으며 높은 지위와 권세 있는 자리보다는 자유를 나는 더 사랑합니다. 나는 항상 우리 민족의 자유를 얻고자 싸워 왔으며, 어떻게 하면 우리의 자유를 회복하여 우리나라 사람이 다 함께 남보다 더 행복하고 안락하게 살아갈 수 있을까를 생각하고 오늘날까지 싸워왔습니다.

우리는 이 자유를 사랑하는 세계 각국 사람과 동진 병행하여야 할 줄 압니다. 그러므로 우리는 이 자유를 얻기 위하여 각 당 분열과 40년간 일본 제국주의의 탄압으로 찌들어진 당파적 정신을 털어버리고 각자의 주의주장을 버리고 오직 통일되어야만 하겠습니다.

그런데 내가 걱정하는 것은 8월 15일 해방 이후에 한인이 분열하여 오십구분, 육십구분 하였다는 소식이었습니다. 40년이라는 이 갈리는 과거의 쓰라림을 모르고 이것이 웬일인가 의아한 마음으로 고국에 돌아와 보니, 과연 몇 개 당파가 있고 상위한 주의 주장이 있어 정돈 상태에 빠져 있는 것이 아니겠습니까!

그 후에 여러 사람과 접촉하여 알아본 결과 1919년에 대한민국 정부를 조직한 이래 그들과 함께 동락할 줄 알았는데, 그동안 그들이 보이지 아니하므로 그동안 이런 것 저런 것이 생겨난 것은 사실입니다.

우리가 파가 갈리고 각자가 각각 자기의 의견만을 가지고 쟁론만 하고 있다면 우리는 찾을 것을 못 찾고 말 것입니다. 그러므로 우리는 찾을 것을 찾고 나서 연합군이 물러나 다음에 각자의 의견도 발표하고 주의를 위하여 싸워도 좋을 것입니다. 우리는 과거 40년간 일본인이 세계에 대하여 한국 사람을 묵살하는 선전만을 한 것을 상기하여 우리는 뚜렷한 한인이라는 것을 이 기회에 세계에 선전합시다. 세계는 우리 한인에게 주목하고 있습니다. 4천3백 년의 역사를 가진 우리가 과거에 있어 우리의 부형의 잘못으로 40년간 극도의 고통을 받았고 지위 싸움에 우리는 망하고 만 것입니다. 지

금에는 이 더러운 것과 추태를 버립시다. 지금은 애국심만을 가지고 나아가
야 할 것입니다. (중략)

여러분! 각자의 주의주장을 다 내버리고 한 덩어리가 됩시다. 우리는 죽
어도 같이 죽고 살아도 같이 살아야 할 것입니다. 이 길을 위하여 나를 내세
우면 나는 앞잡이로 나서서 모든 문제를 원만히 해결하겠습니다. 여러분!
나와 함께 다 같이 나아갑시다.

– 허도산 편저, 《역사를 만든 한국의 명연설》, 팔복원, 2015

이승만이 해방된 조국에 귀국한 후 제일 처음 던진 메시지는 "뭉
치면 살고, 흩어지면 죽는다"였다. 정권을 담당해야 할 독립운동가들
은 출신 지역과 이념에 따라 사분오열되었다. 이승만의 표현에 따르
면 '오십구분, 육십구분'되어 있었던 것이다. 때문에 이승만은 먼저
분열된 정치세력의 단결을 주장한다. "죽어도 같이 죽고 살아도 같이
살아야 할 것"이란 말이다. 당시 해방 이후 민족 지도자들의 분열을
불안하게 지켜보던 국민의 마음에 와닿을 수 있는 단순명쾌한 메시
지를 던진 것이다.

그는 이 연설을 시작으로 해방 공간에서 수많은 연설을 했다. 미국
과 소련이 한반도 신탁통치안을 논의하자, 김구와 함께 반탁운동을
주도하며 신탁통치에 찬성한 좌익을 압박했다. 또한 마지막까지 남
북대화를 추구했던 김구와 달리 남한만의 단독정부 수립을 추진하
고 대한민국의 초대 대통령의 자리에까지 오른다. 이런 모든 정치 행
보가 그의 '연설'을 통해 이루어졌다.

그렇지만 역사는 이승만을 '좋은 연설가'로 기억하지 않는다. 왜

그럴까? 앞의 연설에도 그는 "평민이란 지위를 사랑하고 높은 지위와 권세 있는 자리보다 자유를 더 사랑한다"라고 말했다. 하지만 실제로 그가 집권 후 보여준 모습은 정반대였다.

그는 미국의 민주주의를 이식하겠다는 명분으로 집권했다. 그런데 3선 개헌을 시도해 스스로 독재의 길을 걸었다. 3.15 부정선거를 자행해 사실상 '종신 대통령'이 되고자 했다. 대한민국의 초대 대통령임에도 '민주주의 아버지'로 국민에게 기억되지 않는 이유다. 스스로 내건 명분을 지키지 못하고 자신의 연설을 배반한 것이다. 대통령이었던 그의 연설은 당시 언론이나 대통령기록관 등에는 남아 있다. 하지만 사람들의 마음속에 남아 있지 않게 됐다. 인생을 통해 자신의 말을 지키는 데 실패했기 때문이다.

박정희 대통령은 어땠을까? 박정희 대통령은 군인 출신으로 쿠데타를 통해 집권했다. 그는 민주주의 정치인이라기보다 군인이자 행정가에 가까운 인물이다. 말을 잘해서 상대를 설득하는 유형의 정치인이 아니었다. 그의 연설 스타일을 보면, 대개 준비한 원고를 낭독하는 연설이 대다수다. 보좌관이나 참모가 써준 글을 읽는 방식이다.

연설에 무심한 그에게도 재미있는 연설이 하나 있다. 유튜브에서 '박정희 연설'을 검색해보면 이른바 "철부지 대학생을 꾸짖는 연설"이라는 영상이 나온다. 박정희 대통령에게서 좀처럼 보기 힘든 즉흥 연설 실력을 맛볼 수 있는 자료다.

🎙 학생들! 지금 정치인들이 국회에서 말하고 떠들면 내용도 모르고 덮어놓고 거리에 나가서 우선 플래카드를 들고 성토대회를 하고 무슨 정부 물러

가라, 매국하는 정부 물러가라, 이런 철없는 짓들 하는데, 나는 학생제군들에게 솔직히 이 자리에서 이야기해두겠네. 제군들이 앞으로 이 나라의 주인들이 되자면 적어도 10~20년 후에라야만 제군들이 이 나라의 주인공이 되는 것입니다. 제군들의 시대가 오는 것입니다.

오늘 이 시대에는 우리들 기성세대가 모든 것을 책임을 지고 여러분들 못지않게 나라에 대한 것을 걱정을 하고 근심을 하고 노력을 하고 있다는 것을 여러분들은 잊어서는 안 되는 것입니다. 내가 학생 여러분들을 절대 무시하는 것이 아니라 나도 여러분들과 같이 한 20대 젊은 시절의 학생시절을 생각 좀 해보는데 여러분들은 아직까지도 공부를 하고 배워야 되고 모든 것을 훈양을 해야 되고 자기의 실력을 배양할 시절입니다.

여러분들이 정부가 하는 일, 정치적인 문제, 사회적인 문제에 낱낱이 직접 간섭하거나 참여하거나 직접 행동해온 길, 그런 시기도 아니고 또 그런 것이 여러분들의 책임도 아니라는 것을 확실히 알아야 합니다.

그런데 지금 학생들은 4.19 정신 운운하며 뛰어나옵니다. 여러분들의 선배가 4.19 당시에 거리에 나와서 한국의 민주주의를 같이 지키기 위해서 뛰어나온 그 정신은 그야말로 백년에 한 번, 수백 년에 한 번 있을까 말까한 이런 숭고한 정신인 것입니다. 어떠한 사소한 정치적인 문제가 국회나 사회에서 논의가 될 때 그 문제 하나하나를 들고 학생들이 거리에 뛰어나와서 그것이 4.19 정신이라고 이렇게 떠든다면 그야말로 4.19 정신을 그 이상 더 모독하는 것이 없을뿐더러 4.19 정신은 절대 그것이 아니다라는 것입니다.

작년 연말에 내가 독일에 방문했을 때 독일 대통령이 첫날 저녁에 나를 만나서 한 얘기를 지금도 기억하고 있습니다. "한국엔 왜 학생들이 거리에 뛰어나와서 정치문제에 대해서 자꾸 간섭하기 좋아합니까?" 나한테 이렇게 질문합니다. 나는 다소 창피스럽기도 하고 부끄럽기도 해서, "한국의 학생들은 일부 그런 학생이 있지만, 대다수 학생들이 다 건실하고 나와서 하는 것은 일부 학생들뿐이다. 당신 나라에도 그런 학생들이 있을 수 있지 않느냐", 이런 답변을 했더니 독일 대통령이 하는 말이 "내가 알기에는 학생들이 거리에 나와서 정치문제를 가지고 데모를 하고 떠드는 나라치고 잘되는 나라가 없습디다." 나한테 이렇게 이야기합니다.

혹 대통령이 이런 소리 한다고 해서 일부 학생들이 불만을 품을지 모르지만은 오늘 이 자리에서 우리 한국의 일부 철부지한 학생에게 확실히 이야기합니다. 여러분들이 오늘날 한일문제를 가지고 거리에 나와서 떠든다는 것은 그야말로 일부 정치인들의 앞잡이 노릇밖에 안 된다는 것을 확실히 인식해야 합니다. 한일회담의 내용이 어떻게 되는지 어떤 점이 여야 간에 싸우고 있는 쟁점인지, 내용이라도 알고 떠들어야지 덮어놓고 뭐라고, 요즘에 바깥의 세상이 뒤숭숭하니까 학생들이 거리에 나와서 한번 기분을 풀기 위해서 나가 보자는 이런 사고방식을 가진 학생들이 있다면 이것은 한국의 장래를 위해서, 우리 조국의 앞날을 위해서 대단히 걱정되는 일이라 이겁니다.

이 내용은 아마 원래 연설문에 없었던 내용으로 추정된다. 연설의 배경은 1960년대 초반 박정희 정부가 경제개발 자금 마련을 위해 한일회담을 추진하고 있을 때다. 박정희 대통령의 임기 초, 가장 먼저 터져 나온 곤란한 이슈가 바로 한일협정이었다. 독립운동가 출신인 이승만 대통령은 정권 내내 일본으로부터 막대한 배상을 요구하며 한일협정을 거부했다. 그 때문에 일본으로부터 식민지 피해보상금을 아직 받지 않은 때였다.

하지만 박정희 대통령은 집권 후 정부의 입장을 바꿔 한일협정에 체결하고 일본의 피해보상금을 받아 경제 건설의 초기자금으로 썼다. 이때 나온 것이 그 유명한 '김종필-오히라' 메모다. 박정희 정권의 2인자였던 김종필 중앙정보부장과 오히라 일본 외상과의 밀실 합의로 일본의 식민지 피해 보상금액이 8억 달러(무상 3억 달러, 유상 2억 달러, 민간상업차관 3억 달러 이상)로 조정된 것이다.

당시 이 한일협정을 두고, 전국의 대학생들이 '굴욕적'이라는 표현을 쓰며, 반대 데모를 했다. 그 데모에 참여했던 대학생 중에 훗날 대통령이 된 청년 이명박도 있었다. 그런 시대적 상황에서 위 연설은 축사를 하러 갔다가 한일협정에 반대하는 대학생들을 발견하고, 그들을 향해 꾸짖는 일종의 즉흥연설 대목이라고 할 수 있다.

'너희들 아직 학생이야, 공부나 해. 우리가 생각이 없는 줄 알아? 지금 정치는 기성세대가 하는 거고, 너희 시대는 10~20년 뒤야. 그때까지 실력을 쌓아라. 그러니깐 공부하라'는 내용으로, 요약하자면 '기승전공부'다. 박정희 대통령 특유의 카리스마와 개성을 잘 보여주는 연설이다.

이 밖에 대부분의 연설은 청와대 참모진이 적어준 원고 그대로 읽는 스타일이었다. 그는 과묵하고, 필요한 말만 하는 편이었다. 그렇기에 그는 유능한 군인이자 관료의 지도자였는지는 몰라도 최후까지 대중을 설득하는 민주수의 지도자로 보기엔 어려웠다. 그에겐 말이 아닌 다른 무기가 있었다. 중앙정보부, 군과 경찰, 거대한 관료조직이 모두 그의 무기였다. 어쩌면 우연히 이루어진 위의 연설은 그가 국민에게 남긴 말 중 가장 진심에서 우러나온 대목이지 않았을까?

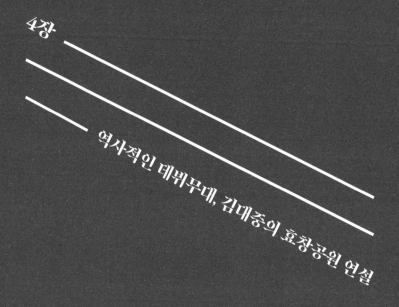

4장

역사적인 데뷔무대, 김대중의 효창공원 연설

좋은 연설가의 가장 큰 자질은 용기와 유머다.

40대 기수의 등장: 본격적인 연설정치의 서막

몽양 여운형 이후 대한민국 명연설의 계보를 잇는 정치인으로 김대중과 김영삼이 있다. 이 둘을 역사의 수면 위로 불러낸 것은 바로 이승만과 박정희였다. 두 사람 모두 청년시절 이승만의 장기집권에 치를 떨며 야당에 합류했다. 또한 박정희의 3선 개헌을 반대하는 과정에서 야당의 지도자급 인물로 우뚝 섰다. 이 둘의 장기는 연설이었다. 그야말로 '말의 정치'가 꽃을 피운 것이다.

김대중과 김영삼은 1970년 제1야당이던 신민당의 대선후보 선출을 위한 경선에서 운명적인 첫 대결을 했다. 사실 그 전에 신민당의 원내 총무 경선이 있었는데, 당시는 김영삼이 김대중을 꺾고 당선돼 원내 총무가 됐다. 김영삼은 여세를 몰아 이후 대선후보 경선에도 출마한다. 40대의 젊은 정치인이었던 김영삼은 당내 선배 정치인들의 눈총을 피하기 위해 주변 젊은 정치인들도 함께 대선에 출마할 것을 권유했다.

이른바 '40대 기수론'을 내건 것이다. 이에 호응해 김대중과 이철

승 등 40대 기수들이 너도 나도 대선후보 경선에 나섰다. 당시 당의 대통령 후보로 거론되던 유진산은 '구상유취', 즉 "젖비린내 나는 아이들이 무슨 대통령이냐"며 이를 비난했지만, 시대의 흐름에 밀려 이내 대선 출마를 포기한다. 필요하면 선배들까지 젖히며 치고 나가는 김영삼의 돌파력이 드러난 장면이다.

김영삼과 김대중은 대중의 선택을 통한 민주주의 정치로 성장한 대한민국 최초의 정치인들이다. 이들 이전의 정치인들에게는 대개 독립운동가의 아우라가 있었다. 신익희, 조병옥, 조봉암, 장면, 윤보선 등 1950~1960년대까지 야당에서 대선에 출마한 대부분의 정치인이 젊은 시절 독립운동가 출신이었다. 일부 친일 지주 출신도 있었지만, 무장투쟁이든 민족 계몽운동이든 독립운동으로 정치적 카리스마를 획득했던 사람들이다.

그에 비해 김영삼과 김대중은 일제시대에 청소년기를 보냈고 해방이 됐을 때 갓 스물을 넘긴 청년들이었다. 김영삼은 해방 이후 정치권의 거물이었던 장택상 국무총리의 비서로 정치에 입문했다. 거제도의 부유한 어부의 아들로 태어났고 성인이 되자 바로 정치에 투신

한다. 선거를 한 번 치를 때마다 집을 팔고, 아버지를 찾아가 큰절을 하면 아버지가 다시 집을 사줬다는 일화는 유명하다.

피선거권을 획득하자마자 25세에 국회의원이 된 그의 기록은 아직도 깨지지 않고 있다. 국회의원 9선의 타이틀도 그를 비롯해 단 세명(나머지 둘은 김종필 전 총리와 박준규 전 국회의장)만이 이름을 올리고 있다. 그야말로 '정치신동'이자 '정치9단'이었다.

그에 비해 김대중은 자수성가한 인물이다. 생전에 공개하지 않았지만, 사후에 출간된 그의 자서전을 보면 그는 서자로 출생했다. 어머니가 아버지의 둘째 부인이었던 것이다. 서얼 차별이 심했던 조선 시대였다면 결코 정치권에 발을 들이지도 못했을 신분이었다. 서얼 차별을 없앤 근대 민주주의에 호의적일 수밖에 없었던 셈이다. 청년 김대중은 해운업 사업과 목포신문사를 경영한 성공한 청년실업가였다. 그의 자서전에는 당시 "돈 버는 것이 세상에서 제일 쉬웠다"고 기록하고 있다. 만약 생전 그는 계속 사업을 했다면 정주영, 이병철에 버금가는 재벌이 됐을 거란 농담을 하기도 했다.

그랬던 그가 훗날 제2공화국의 총리가 되는 장면의 눈에 띄어 정치인으로서 정치계에 입문하게 됐다. 김영삼은 장택상, 김대중은 장면의 도움으로 정치권에 발을 들여놓은 것이다. 당시엔 정치에 입문하는 과정이 대개 이랬다. 하지만 그의 정치 인생은 초장부터 시련의 연속이었다. 그에겐 정치가 사업보다 훨씬 더 어려운 일이었다.

그는 처음에 자신이 사업을 하던 곳에서 무소속으로 출마했다가 낙선하고, 이후에는 장면의 후원으로 민주당 공천을 받았음에도 낙선했다. 20대 후반부터 30대까지 약 10년간 이른바 '정치 낭인' 생활을 했다. 두 번의 출마와 낙선을 반복하며 청년실업가로 모아뒀던 재산까지 모두 탕진했다고 한다. 그 과정에서 여동생과 첫째 아내 차용애 여사와 사별하는 아픔을 겪기도 했다. 세 번째 선거인 강원도 인제의 보궐선거에서 가까스로 어렵게 당선됐다. 하지만 기쁜 마음을 안고 국회의원 등록을 하려고 국회를 찾은 그날, 박정희 장군의 5.16 군사 쿠데타로 국회가 해산됐다는 소식을 듣는다. 박정희 대통령과의 긴 악연이 시작되는 순간이었다.

탁월한 웅변가, 김영삼과 김대중

김영삼과 김대중 모두 당대에 웅변가로 이름을 날렸다. 그런데 여러 연설이 명연설로 회자되는 김대중과 달리 김영삼의 연설문 중에서는 유명한 것이 별로 없다. 대신 그는 특유의 경상도 사투리로 대중의 인상에 남은 어록이나 문구를 많이 남겼다.

김영삼도 민주화를 위해 박정희에 대항했던 인물이다. 엄혹한 유신통치 시절 김영삼에게 누군가 질산테러를 시도한 적이 있다. 퇴근길의 김영삼에게 괴한이 다가가 질산을 뿌린 것이다. 김영삼은 차 뒤로 살짝 피해서 큰 피해를 입지는 않았다. 1979년 10월에는 YH 무역 여공 농성 사건 이후 미국 타임지와의 인터뷰에서 미국 정부에 박정희 정권에 대한 지지를 철회할 것을 주장했다.

당연히 박정희 대통령의 분노가 폭발했고 유신정권은 이 발언을 문제 삼아 김영삼의 의원직 제명 파동을 일으켰다. 이는 박정희 정권의 종말을 앞당긴 부마항쟁을 촉발했다. 이 당시 의원직에서 제명당한 김영삼이 남긴 명언이 있다. "닭 모가지를 비틀어도 새벽은 옵니다. 여러분!" 나를 탄압해도 민주화라는 새벽은 막을 수 없다는 명언이다.

김영삼과 김대중, 두 인물에게 민주주의는 포기할 수 없는 절대적 목표였다. 하지만 김영삼에게는 하나의 목표가 더 있었다. 바로 라이벌인 김대중보다 먼저 대통령이 되어야겠다는 것이었다. 물론 김대중이라고 그런 생각이 없었던 것은 아니다. 하지만 김영삼은 김대중을 앞지르기 위해 넘지 말아야 할 선까지 넘고 말았다. 바로 1990년의 3당 합당이다.

1990년 1월 22일, 통일민주당의 김영삼은 민주공화당 총재였던 김종필과 노태우(민주정의당) 대통령과 함께 3당 통합을 선언하고, 민주자유당 창당에 참여했다. 당시 평화민주당 총재였던 김대중은 "국민이 만들어준 여소야대를 국민과 상의 없이 여대야소로 만드는 파렴치한 국민 배신행위"라고 비판했다.

이후 1992년 대선에서 김영삼은 14대 대통령에 당선됐고, 김종필은 민자당 대표가 된다. 김대중은 일단 정계를 은퇴했다(이후 1995년 복귀해 대선 4수에 도전한다). 90퍼센트라는 높은 지지율에서 임기를 시작한 그는 퇴임 시기에는 지지율 5퍼센트에 그치고 말았다. IMF 경제위기가 가장 큰 이유였지만, 민주화의 길을 끝까지 걷기보다 마지막 순간 군사정권과 타협한 행보도 영향을 미쳤을 것이다. 그의 변절이 그의 강력한 무기였던 '말과 글'의 힘을 잃게 만든 것은 아닐까? 민주주의 지도자로서 김영삼에게 짧은 명언은 있을지 몰라도 명연설로 국민의 가슴속에 남은 것은 별로 없다.

민주주의자 김대중

반면에 굳이 비교하자면 김영삼과 달리 김대중은 자신이 주장한 민주주의 가치를 지키고, 민주주의 제도를 통해 대통령이 되려고 끝까지 노력했다. 3당 합당에 앞서 김대중에게도 군사정권의 유혹이 있었다. 노태우 대통령은 측근인 박철언 의원을 보내 김대중을 설득했다. 영호남의 통합 차원에서 정권에 참여하라는 것이었다. 하지만 김영삼과 달리 김대중은 이 유혹을 거절했다.

아마도 김대중은 정정당당한 선거로도 집권할 수 있다는 자신감이 있었기 때문일 것이다. 덕분에 다소 늦었지만 김영삼의 후임으로 50년 만에 평화적이고 수평적인 정권 교체를 이루어낼 수 있었다. 물론 그전에도 수직적인 정권 교체는 있었다. 예컨대, 박정희 정권에서 전두환 정권으로, 노태우 정권에서 김영삼 정부로 바뀐 것은 같은 세력 내에서 주도권이 교체되는 일종의 수직적 정권 교체였다. 그러나 선거를 통해 여당과 야당이 교체되는 수평적 정권 교체는 1997년 김대중에 의해 처음으로 이루어졌다.

제2차 세계대전 이후 해방된 식민지 국가들 중에서 여야 간에 평화적으로 정권을 주고받는 전통을 확립한 나라는 의외로 드물었다. 대부분의 정권 교체에는 혁명과 쿠데타가 따랐다. 민주주의 선진국이라는 일본도 수평적 정권 교체에 성공하지 못한 채 자민당의 '1.5당 체제'가 거의 50년간 이어지기도 했다.

잠시 정권이 민주당에 넘어가기도 했지만 우여곡절 끝에 여전히 자민당이 집권하고 있다. 정치학에서는 여야 간에 두 번의 정권 교체가 평화적으로 이루어져야 비로소 민주주의가 제도화됐다고 본다. 김대중의 집권은 선거를 통해 이루어낸 첫 번째 정권 교체였다는 점에서 의미가 있다. 끝까지 말과 글을 통해 세상을 바꾸겠다는 원칙을 지켜냈다는 점에서 김영삼과 김대중 대결의 최종 승자는 김대중이었다.

김대중과 유머의 힘

김대중 대통령은 나와도 작은 인연이 있다. 1996년 3월의 어느 날, 서울대 정치학과에 입학해 부푼 꿈을 안고 선배들과 상견례를 한 날이었다. 간단한 학과 소개를 마친 후 뒤풀이를 가려는데, "혹시 김대중 보러 갈래?"라는 선배의 제안이 귀에 들렸다.

서울대학교 정치학과의 대학원 박사과정 수업에서 김대중을 수업에 초청한 날이었다. 당시 김대중은 정계 은퇴 선언을 번복하고 정치에 복귀해 새정치국민회의를 창당하고 네 번째 대선 도전을 막 시작할 때였다. 정계 복귀에 대한 반발로 국민적인 지지가 높은 편은 아니었을 때다. 호기심에 들어보겠다고 했다. 작은 대학원 세미나실에 원탁이 있었고, 대학원 학생들이 둘러앉았다. 신입생을 위한 자리는 당연히 없었기 때문에 비어 있는 바닥에 앉아 눈앞에서 그 강연을 들었다.

강연은 충격과 반전이었다. 생각보다 너무 웃겼기 때문이다. 그를 만나기 전 나는 '빨갱이'란 비판을 받고 사형선고와 망명 생활을 거친 과격하고 무서운 혁명가이자 투쟁가로 그를 인식했다. 그렇지만 실제로 만난 그는 정말 유머러스했다. 한 예로 그는 교도소에서 사형

수로 생활했던 일화를 들려주며, 젓가락으로 파리를 잡는 법을 익혔다고 진지하게 고백했다. 젓가락으로 파리를 잡는 게 어떻게 가능한지 설명하는 그의 모습에 좌중에선 폭소가 터졌다. 김대중이 실제로 젓가락으로 파리를 잡는 걸 보여주진 않았으니 사실인지 검증할 방법은 없다. 어쨌든 두려운 거물 정치인이라는 이미지가 단번에 사라졌다.

사형 선고를 받던 순간에 대한 묘사도 그랬다. 그는 1980년 전두환 장군이 이끄는 신군부에 의해 5.18 광주항쟁 등을 배후 조종했다는 혐의로 교도소에 갇혔다. 이른바 '내란 음모죄'다. 내란 음모죄가 유죄로 인정된다면 나올 수 있는 판결은 단 두 가지다. 사형 혹은 무기징역. 그는 대통령만 포기하면 살려줄 테니 정권에 협력하라는 신군부의 제안에 "죽일 테면 죽여라. 나는 타협하지 않겠다"며 큰소리를 쳤지만, 막상 판결의 순간이 오자 마음이 흔들렸다.

사형이 선고되면 당장 그다음 날이라도 형이 집행될 수 있는 엄혹한 시절이었다. 실제로 과거 이승만 정권은 대선의 라이벌이었던 조봉암의 사형을 그런 식으로 집행했다. 반면 무기징역을 받으면 일단 교도소에 있다가도 언젠가는 반드시 풀려나 재기할 수 있다고 생각했다.

판결 순간에 김대중은 판사의 입 모양에 집중했다. 사형 판결이면 '사'를 발음할 테니 옆으로 입이 당겨질 것이고, 무기징역이라면 '무'를 발음해야 하니 입이 앞으로 모아질 것이었다. 겉으로는 담담한 태도였지만 마음속에선 열심히 '무'를 외치고 있었다고 했다. 그래서 유심히 판사의 입만 쳐다봤다는 그의 재판정 묘사에 현장에 있던 학생들은 또다시 폭소를 쏟아냈다.

사형 판결을 받고 낙심한 채 형 집행을 기다리던 중 아내인 이희호 여사가 김대중을 면회 온 이야기도 압권이었다. 독실한 기독교 신자인 이희호 여사는 면회소의 작은 구멍으로 나온 남편의 손을 잡고 기도를 시작했다. 그는 당연히 "하느님, 어떻게든 남편을 살려주세요"라고 기도할 줄 알았다. 그런데 이희호 여사는 "제 남편의 모든 것을 주님께 맡기겠습니다"라며 기도했다는 것이다.

20여 년이 흘렀는데도 그의 유머가 생생히 기억나는 이유는 그만큼 그의 말에 담긴 힘이 강력했기 때문이다. 당시 현장 분위기를 떠올리면, 많은 학생이 김대중의 언변에 완전히 매료됐다. 그가 만약 자신의 정계복귀 명분을 구구절절 설명하며 학생들을 설득하려고 했다면 오히려 반감을 샀을 것이다. 하지만 김대중은 유머를 통해 청중과 친해지는 전략을 누구보다 효과적으로 사용했다.

선거 광고의 역사를 쓴 김대중

김대중의 연설을 본격적으로 다루기 전에 그가 후보로서 치른 마지막 선거인 1997년 대선 이야기를 해보겠다. 1997년 대선은 최초로 TV 토론회와 광고가 도입된 선거였다. 이전에는 정치인이 대중과 할 수 있는 정치 커뮤니케이션이 연설이나 선거운동뿐이었다. 하지만 1997년에 도입된 선거 광고는 새로운 정치커뮤니케이션의 새 장을 열었다. 1997년 12월에 김대중 후보는 TV 광고를 찍었다.

평생 연설의 달인이었던 그가 인생의 마지막 선거 광고를 어떻게 찍었을까? 1분이라는 짧은 시간을 김대중의 말로만 채울 수도 있었을 것이다. 하지만 그는 그렇게 하지 않았다.

당시 김대중 캠프는 〈DOC와 함께 춤을〉이라는 DJ DOC의 선풍적인 인기곡을 로고송으로 채택했다. 그리고 'DJ와 함께 춤을'이라는 대선 광고를 기획했다. 이 광고가 정치사적 의미가 있는 이유는 김대중의 선거전략을 잘 구현한 정치 커뮤니케이션 콘텐츠이기 때문이다. 1992년 대선 이후 김대중의 선거전략은 이른바 '뉴DJ플랜'이었다.

그때까지 김대중은 과격한 민주화 투사 이미지가 강해 보수층에게는 거부감이 있었다. 이 광고는 보수층을 비롯한 전 국민을 대상으로 '알고 보면 자상하고 부드러운 남자'라는 온건한 정치인의 이미지를 심어주는 데 성공했다. 새로운 그의 모습을 보여준 것이다. 지금도 유튜브에서 검색할 수 있는 이 광고 영상에서 그는 전 국민을 포괄하는 대통령, 준비된 대통령이라는 어젠다를 들고 등장한다.

광고를 보면, 먼저 익숙한 얼굴들이 보인다. 노무현, 추미애, 김종필, 박태준, 배우 정한용 등 김대중은 당시 자신이 취할 수 있는 우군을 다 끌어와 총공세를 펼쳤다. 진보와 젊은 세대에게 인기가 있었던 '청문회 스타' 노무현을 내세우고, 판사 출신 추미애, 배우 출신 정한용과 같이 젊은 초선 청년 정치인을 보여주기도 했다. 한편 대구경북의 보수층을 대표하는 박태준 전 포스코 회장, 김영삼 대통령에게 '팽' 당하고 자민련을 창당한 김종필 전 총리 등을 내세워 보수층을 공략했다. 전 연령과 세대, 이념을 아우르는 김대중의 선거 전략을 볼 수 있다.

"김대중과 함께라면 든든해요 경제통일 책임질 수 있어요 준비되어 있는 우리 대통령 DJ로 만들어봐요 이번 이번 2번에⋯⋯."

이 광고에서 김대중은 딱 세 문장을 말한다. 경쾌한 노랫말이 끝나갈 때쯤 단 세 문장을 말했을 뿐인데, 어떤 연설보다도 울림이 있었다.

"정말 열심히 준비했습니다. 잘할 수 있습니다. 꼭 한번 기회를 주십시오."

누구보다 말하기를 좋아하는 다변의 정치인이었지만, 때론 말을 줄일 때 더 큰 효과를 이끌어낸다는 사실도 알았기 때문일까? 마침내 이 선거를 통해 그는 대한민국 최초로 수평적 정권교체를 통한 대통령이 됐다. 그렇다면 다시 시간을 거슬러 젊은 40대 기수였던 그의 연설을 통해 들어보자.

1969년 효창운동장 시국연설

1960년대 말과 1970년대 초, 김대중은 연설을 무기로 박정희 정권과 대결을 펼쳤다. 우여곡절 끝에 국회에 입성한 김대중은 곧 '말과 글'로 두각을 드러냈다. 사상계 등의 잡지에 노동 문제에 관한 입장을 담은 글을 기고하는 한편, 국회 대정부 질문을 일문일답식으로 바꾸는 제도 개선을 주도하기도 했다. 김대중 의원이 대정부 질의 차례가 돌아오면 본회의장 밖에서 바둑을 두면서 쉬던 의원들도 "어, 김 의원이 질의하네" 하고 들어와서 내용을 경청했다고 한다. 김의원은 특유의 치밀한 논리로 정부 정책의 허점을 파고들어 장관, 총리 등 박정희 정권 실세들이 모두 긴장했다고 한다. 이런 김대중 의원을 낙선시키기 위해 박정희 대통령이 직접 김대중의 지역구인 목포에서 국무회의를 개최했던 일화는 유명하다. 그만큼 박정희 대통령은 누구보다 김대중 의원의 정부 비판을 뼈아프게 여겼다는 뜻이다.

그런 박정희 대통령이 재선 임기를 마친 후 3선 개헌을 추진해 장기집권 의도를 드러내자 야당은 본격적인 반대 투쟁에 나선다. 박 정권의 3선 개헌 의도가 노골화되던 1969년 7월 19일 신민당은 서울 효창운동장에서 3선 개헌 반대 시국 대연설회를 열었다. 이때 유진오 신민당 총재를 비롯한 야당의 많은 정치인이 연설에 나서 박정희 정권의 3선 개헌 음모에 대해 비판했다. 중앙정보부와 군과 경찰을 무기로 가진 박정희 정부에 맞서는 야당의 무기가 '연설회'였다는 사실도 의미심장하다.

《김대중 자서전》에 따르면 김대중은 약 17분짜리인 이 원고를 열 시간 이상 고민을 거쳐 작성했다고 회고했다. 이 연설은 지금도 유튜브에서 검색하면 영상을 통해 당시 육성을 들어볼 수 있다. 녹음 상태가 좋지 않아 현장의 박수소리나 환호성 등이 충분히 전달되지는 않고 있으나, 당시 긴박했던 시대 상황이나 김대중의 민주주의를 향한 결연한 의지를 읽어내는 데는 충분해 보인다. 그동안 원고로만 존재했던 이 연설은 36년 만에 육성 테이프로 발견됐다.

김대중 대통령의 회고

먼저 김대중 자서전에 나온 이 연설에 대한 회고를 들어보자.

> 효창운동장 연설은 아직도 기억하는 사람들이 많다. 나는 혼신의
> 힘을 쏟았고 청중들은 열광적으로 호응했다. 연사들에게는 15분
> 씩 시간이 주어졌다. 나는 집에 들어가지 않았다. 시청 앞 뉴코리
> 아 호텔에 투숙하면서 연설을 준비했다. 연설로 국면을 전환시키
> 고 싶었다. (중략) 여권의 비열한 술수를 폭로하고 국민들에게 3
> 선 개헌을 저지하는 용사가 될 것을 호소해야 했다. 비장한 각오
> 로 연설문을 작성했다. (중략) 연단에 오르자 사람의 바다에 내
> 가 떠 있는 느낌이었다. 나는 "3선 개헌은 국체의 변혁이다"라는
> 제목의 연설을 시작했다. 황소는 공화당의 상징이었는데 바로 그
> 황소 이야기로 연설을 풀어갔다.
>
> — 김대중 저, 《김대중 자서전》, 1권, 삼인출판사, 2010, 204쪽

이처럼 김대중은 집에도 가지 않고 연설문 작성에 매진하며 연설
을 통해 국면을 전환하고자 했다. 김대중은 당대 누구보다 연설의 위
력을 잘 이해하고 있었다. 사진에서 확인할 수 있듯이 당시 효창운동
장을 가득 채운 인파는 마치 '사람의 바다'를 방불케 했다. 곧이어 그
의 사자후가 불을 뿜었다. 연설의 제목은 "3선 개헌은 국체의 변혁이
다"였다. 그는 유머로 연설을 시작했다.

🎙 지난 6월 28일 자 조간신문을 보니까 경기도 안성에서 황소 한 마리가

미쳐가지고 주인 내외를 마구 뿔로 받아 중상을 입혔습니다. 마을 사람들이 이 황소를 때려잡으려고 몽둥이를 들고 나섰지만 잡지 못해서 마침내 지서 순경이 와 가지고 '칼빈' 총을 다섯 방이나 쏘아서 기어이 때려잡았습니다. 나는 이 신문을 보고 '과연 천도가 무심치 않구나.' 이렇게 생각했습니다. (웃음)

왜? 대한민국에서 황소를 상징으로 한 공화당이 지금 미쳐가지고 국민 주권을 때려잡을 3선 개헌 음모를 하니까 상징 짐승인 황소까지 같이 미쳐서 주인한테 달려든 것이다, 이것이에요. (폭소와 환성, 박수)

김대중 대통령 1969년 군중 연설 전문

실제로 당시 신문에 나온 사건사고 기사다. 그가 청중의 관심을 모으기 위해 도입부에 대해 고민한 것을 엿볼 수 있는 대목이다. 공화당이 3선 개헌을 추진하는 것을 황소가 주인에게 달려든 사건에 비유했다. 당시엔 정당들이 동물을 상징으로 하는 경우가 많았는데 민주공화당의 상징은 황소였다. 소처럼 우직하게 일하겠다는 의미다. (참고로 미국의 민주당은 당나귀, 공화당은 코끼리를 상징으로 한다.) 그런데 그런 황소가 미쳐서 주인에게 달려든 상황이 작금의 3선 개헌 정국과 맞아떨어진다는 점에서 착안한 도입부. 절묘한 비유로 청중의 관심을 모으는 데 성공했다. 박수치는 소리가 들린다.

🎙️ 내 오늘 여기 와가지고 '반공을 하고 국방을 하려면 무엇을 해야 하겠느냐?' 하는 것을 내가 여기서 배웠습니다. 그것은 야당이 강연을 해야 돼!

왜? 서울시에서는 40만에 달하는 예비군을 오는 22일부터 소집하기로 했다가 신민당이 연설을 한다니까 어제 저녁부터 부랴부랴 서둘렀다 말이야! 여러분, 서울시가 아무리 그렇게 예비군을 소집하고 경찰관이 나와서 삐라를 뿌리고 해도 하나님은 우리 편이여. 보시오. (환성. 박수) 지금까지 오던 비도 딱 그쳤어! (박수. 환성)

실제로 신민당이 연설회를 하기로 한 이날, 갑자기 정부가 예비군 소집을 발표했다고 한다. 주민들이 야당의 연설회 현장에 참가하지 못하게 하려는 의도였다. 4.19 혁명 때도 자유당 정권이 고등학생들의 시위 참가를 막기 위해 일요일 등교를 시킨 바 있다. 시민이 공론 장에 못 가게 하려는 시도, 군사정권이나 독재정권의 방식이다.

김대중은 이 대목을 풍자한다. 야당이 연설회를 개최할 때, 정부가 예비군 소집을 하다니 이는 야당의 연설이 반공 활동을 독려하고, 곧 국방으로 이어진다는 이야기다. 물론 정부를 비꼬는 반어법을 한 거다. 국민이 야당의 연설을 못 듣게 하려고 예비군을 소집하는 정부의 치졸한 행태를 꼬집는 발언이다. 끝에는 날씨 이야기를 하면서 순발력 있는 애드리브도 보여준다. 날씨만큼 청중의 공감을 얻기 쉬운 소재도 없다.

🎤 3선 개헌을 반대하는 데모가 지난 방학 전에 전국에서 퍼졌습니다. 데모를 제일 치열하게 한 데가 어디냐? 서울이 아닙니다. 경상도, 정권의 본고장인 경상도서 제일 데모를 치열하게 했어! 그것도 박정희 씨가 나온 경상북도라 그 말이여! 대구서는 대학교뿐이 아니라 모든 고등학교가 총동원됐어! 그런데 한 가지 재미있는 것은 박정희 씨가 대통령을 그만두고 나면 그 대학의 총장을 할 것이라는 영남대학교 학생들의 데모 구호가 재미있다 이

말이여! 무엇이라 했느냐? '미친 황소 갈 길은 도살장뿐이다.' 그랬다 그 말이여! (박수 .환성)

총칼로 집권한 무시무시한 박정희 정권을 상대로 이런 신랄한 비판을 하고 있다. '박정희 대통령'이라고도 하지 않는다. '박정희 씨' 혹은 중간에 '박정희'라는 반말도 보인다. 서슬 퍼런 군사정권하에서 침묵하고 있던 대중들의 카타르시스를 자극하는 대목이다.

당시 박정희 대통령은 정상적으로 임기를 마친 후 영남대학교 이사장이 되어 후진 양성에 주력하겠다고 밝히고 있었다. 딸인 박근혜 대통령이 한때 '정수장학회'를 통해 이사회를 장악했던 바로 그 영남대학교다. 그 영남대학교의 학생들이 데모 구호로 내세운 말이 "미친 황소가 갈 길은 도살장뿐"이란 구호였다. 도입부에 언급한 황소 기사를 다시 한번 떠올리게 하는 구성이다. 청중들은 연달아 터지는 절묘한 비유와 유머에 일종의 짜릿한 통쾌함을 느끼기 시작한다.

🎙 내 오늘 여기서 450만 서울시민과 더불어 박정희 대통령과 한마디 얘기 좀 해야겠어! 박정희 씨여! 당신은 지금 입으로는 점잖은 소리 무어라고 하지만 당신 내심으로는 헌법 고쳐가지고 71년 이후에도 영원히 해먹겠다는 시커먼 배짱 가지고 있는 것 사실 아니오? 3선 개헌은 무엇이냐? 이 나라 민주국가를 완전히 1인 독재국가로 이 나라의 국체를 변혁하는 것이여! 3선 독재가 통과 되는 날에는 대한민국 헌법 제1조 제1항 '대한민국은 민주공화국이다.' 하는 조문은 장사지내는 날이다 이 말이여! ('옳소!' 박수)
지금도 헌법 제1조 제1항. 그게 장사 지내는 날이라는 거. 민주주의의 적은, 공산 좌익 독재뿐만 아니라, 우익 독재도 똑같은 적이요! 히틀러도 도조 히데키도, 박정희 정권의 3선 개헌 음모에 의한 1인 독재도 민주주의의 적인 데는 다름이 없다는 것을 여러분은 알아야 한다 이 말이여! ('옳소' 박수)

박정희의 내심을 폭로하는 대목이다. 입으로는 3선 개헌 말하지만, 1971년 이후에도 종신집권 하겠다는 의도가 아니냐며 노골적으로 그의 속내를 폭로한다. 김대중의 예언 능력이 빛을 발하는 대목이다. 이후 그는 1971년 대선 당시 박정희 대통령이 3선에 성공하면 헌법을 고쳐 영원히 집권하는 '총통제'로 전환할 것이라고 예언한 바 있다. 박정희 대통령이 선거 막바지 "더 이상 국민 여러분께 표를 달라고 하는 일은 없을 것입니다"라며 4선 불출마 승부수를 던진 직후 한 연설에서 밝힌 내용이다. 이미 이때부터 김대중은 박정희의 내면을 꿰뚫고 있었던 것이다.

"3선 개헌은 국체의 변혁이다"라는 연설 제목이 나오는 대목이기도 하다. 그는 이 메시지를 반복해서 던져준다. 민주주의의 적은 공산 좌익뿐만 아니라 독재를 추진하는 우익 역시 마찬가지라는 말이다. 6.25와 북한의 위협에 지친 국민에게 좌익뿐 아니라 우익 역시 민주주의의 위협이 될 수 있음을 강조한 말이다. 이승만 대통령도 3선 개헌을 통해 독재자의 길을 걷기 시작했다. 박정희의 3선 개헌 역시 독재의 길로 가려는 시도라고 규탄한다.

🎙 아, 이 나라가 누구 나란데! 이 나라가 박정희 씨 나라요? 이 나라는 대통령은 바뀌어도 헌법은 영원한 것이여! 헌법이 박정희(씨)보다 위여! 박정희 씨를 위하여 헌법을 바꿀 수는 없다는 것을 여러분은 알아야 한다 이 말

이여! ('옳소' 환성 .박수)

아까 유 당수俞 黨首께서도 말씀했지만 놀라운 이야기여! 뭐? 이번에 헌법을 고치면 지금 같은 준전시하에서는 대통령 선거를 안 하겠다? 이번에 개헌만 되면 71년에는 선거를 안 하겠다는 게여! 다시 말하면 털도 안 뽑고 먹겠다는 게여! (폭소)

공화당에 윤치영尹致暎 씨라는 사람이 이런 말을 했어, '박정희 대통령은 단군 이래의 위인이다.' 이랬다 말이여! 단군 이래의 위인이니까 신라의 김유신, 고려의 태조 왕건, 이조의 세종대왕, 이순신장군 보다 더 위대하다 그 말이여! 그런데 이사람 대통령 갈릴 때마다 똑같은 소리를 한다 말이여. 과거 이박사가 4사5입 개헌 때도 '이 박사는 개국 이래의 위인이다.' 이랬어!

우리가 과거에 결혼식에 가면 축사를 많이 했는데 축사를 하는 사람마다 똑같은 소리를 해. 신랑은 대학을 나온 모범 청년이고 신부는 가정에서 부덕을 닦은 요조숙녀라고. (폭소) 아마 이 양반 결혼식의 축사로 착각을 한 모양이여. (폭소, 박수, 환성)

이번에 아폴로 11호가 달세계로 가는데 제발 안 되었지만 이런 양반들을 실어다가 거기다 두었으면 대한민국이 편할 텐데. (폭소, 박수) 내 박정희 씨가 단군 이래의 위인인지 아닌지는 모르겠어! 그러나 한 가지 분명한 것은 만일 박정희 씨가 3선 개헌을 그대로 추진했다가는 박정희 씨가 단군 이래의 위인이 아니라 단군 이래의 폭군이 된다는 것만은 분명하다는 말을 여러분에게 분명히 말하고 싶소. ('옳소' 환성. 박수)

왜! 남은 정치생활 가지고 평생에 국회의원 한번 못 된 사람들이 수두룩한데 밤중에 한강 건너와가지고 남의 정권 빼앗아가지고 10년 해먹었으면 됐지, 뭘. 다시 자기가 만든 헌법을 고쳐가지고 또 해먹겠다는 것이여! (폭소. 박수)

김대중 특유의 유머가 돋보이는 대목이다. 3선 개헌이 될 경우 1971년 대선이 취소될 수도 있다는 것을 '털도 안 뽑고 먹겠다는 것'으로 표현함으로써 '빵' 터뜨렸다. '결혼식 축사'와 '아폴로 11호'까지 동원해 유치영의 박정희에 대한 찬양을 풍자하는 대목은 압권이다. '단군 이래의 위인이 아니라 단군 이래의 폭군' 등은 연설의 운율을 살린 문장이다.

'남은 평생 정치해도 국회의원 한번 못 하는 사람이 수두룩한데'라는 대목에선 직업 정치인으로서 김대중의 비애가 느껴진다. 앞에서도 언급했지만 이때까지 김대중의 정치 인생은 순탄치 않았다. 연거푸 선거에 낙선하고 첫 번째 부인과의 사별을 겪으면서 김대중은 10년간 정치낭인 생활을 했다. 직업정치인으로서 대중의 신뢰를 얻기 위해 그렇게 고생했던 그와 달리 하룻밤의 쿠데타로 집권한 박정희를 향해 '10년이나 했으면 됐지. 뭘 더하겠다고 하냐'라고 말한다. 정말 그의 진심이 느껴지는 직설적인 비판이다. 일반 서민의 입장에서 누구나 공감할 만한 일상의 언어로 속 시원하게 최고 권력자를 풍자했다. 그야말로 스릴 넘치는 연설이다.

🎙 지난번 국회에서 김영삼 의원이 '박정희 씨가 독재자다' 이랬다 말이여! 공화당 사람들이 노발대발했어! 그야 아무리 못 생긴 사람도 대놓고 '너 이 자식 못생긴 놈' 이라고 하면 화 안내는 사람 없겠지요. (웃음)

박정희 씨가 독재자냐 아니냐? 단적인 증거가 있어! 명색이 민주주의 국가에서, 명색이 언론의 자유가 있다는 나라에서 국회의원이, 국민의 대표가 국민의 머슴인 대통령에 대해서 독재자라 했다 해서 그 말이 신문에 한

자도 못 나간 그 사실이 '이 나라가 독재가 지배한 나라'라는 것을 반증한 것이 아니고 무엇이겠느냐 이 말이여, 여러분. ('옳소.' 환성. 박수)

여보시요, 세계 민주주의라 하면서, 3선 개헌 해갖고 영구집권을 해먹겠다는 민주주의가 어디 있소? 무슨 속담에 '공자 맹자 10년 배워도 쯀쯀이란 문장 처음 듣고, 무당 생활 평생해도 목탁이란 귀신 처음 본다'고 그러지만, 내 들어봐도 이런 민주주의가 있다는 소리 처음 들어봤어. (웃음)

오늘날 이 나라 현실이 어떻습니까? 언론의 자유는 완전히 말살되었어. 신문은 신문기자나 편집인이 만드는 것이 아니라 중앙정보부가 넣어라, 빼어라, 높이 올려라, 아래로 내려라. 다 결정한다 그 말이여. 지금 오늘날 신문같이 불쌍한 사람들이 없어.

지난 문단에 이어 유머를 통해 박정희 정권의 독재 상황을 폭로한다. 권력을 비판하는 최고의 무기가 '웃음'과 '풍자'라는 점을 잘 보여준다. 그래서인지 우리나라의 군사독재 정권은 한동안 '정치 코미디'를 금기시해왔다. 김대중은 '과연 저런 이야기를 해도 되나' 싶은 수위 높은 비판을 적절한 비유와 풍자를 담은 유머로 승화했다. 그 때문에 수많은 청중은 부담 없이 김대중의 연설에 빠져들 수 있었다. 이미 김대중의 연설에 중간중간 환호와 웃음으로 화답하는 청중의 반응을 확인할 수 있다.

또한 당시 정부의 언론 통제도 신랄하게 비판한다. 김영삼 의원의 박정희 비판 발언이 전혀 언론에 보도되지 않은 현실을 지적했다. 훗날 박정희와 함께 평생의 라이벌이 된 김영삼 의원과의 관계가 이때까지는 그리 나쁘지 않은 동지적 관계였음을 알 수 있다. 실제로 이당시는 언론사마다 중앙정보부의 파견 요원이 함께 편집회의를 할 만큼 강도 높은 언론 검열이 실시되던 시대였다. 김대중의 독재 비판은 사회 각 분야로 확대되어 이어진다.

🎤 국회는 어떻소? 나라의 주인인 국민들이 자기 마음대로 선거할 권리가 있습니까? 지난 6.8 선거가 온통 부정선거여! 나도 목포에서 박정희 씨한테 좀 단단히 당해보았어. (폭소) 이 양반이 직접 와서 목포에서 연설을 하고 전 국무위원들을 데리고 와서 회의까지 하고 한때 대한민국 정부가 서울서 목포에 이사를 왔어. (폭소, 박수)

위에서 언급한 김대중의 목포 선거 일화를 소개한다. 당시 김대중은 야당 국회의원으로 정부 비판에 앞장서며 '말 잘하는 정치인'으로 유명세를 얻고 있을 때였다. 박정희 대통령은 총선을 앞두고 중앙정보부에 특별 지시를 내렸다. 어떻게든 김대중을 낙선시키라는 것이었다. 하지만 고향인 목포에 지역구를 둔 김대중의 지지 기반은 탄탄했다. 이에 박정희 대통령은 5.16 군사쿠데타에 가담한 장군 출신의 거물급 중앙 정치인인 김병삼을 목포에 표적 공천했다. 김대중을 낙선시키기 위한 '자객공천'이었던 것이다.

하지만 김병삼은 목포에 특별한 연고도 없고 당선 가능성도 없어 보여 출마를 원치 않았다. 결국 그는 집에 있는 권총으로 자기 허벅지를 쏘는 자해를 해 출마를 피하려고 했다. 하지만 박 대통령의 압박을 이기지 못하고 목발을 짚은 채 목포에 출마했다. 그를 위해 박 대통령은 모든 장관을 데리고 목포에 내려가 현장 국무회의를 개최했다. 김병삼이 당선될 경우 목포에 대대적인 개발 계획이 있을 것임을 약속했다. 노골적인 편파 관건선거에 나선 것이다. 하지만 목포의 유권자들은 박정희보다 김대중의 '말'을 더 신뢰했다. 투표로 김대중을 당선시킨 것이다.

🎤 선거가 끝나고 올라와 보니까 왠지 국회는 온통 가짜투성이여. 진짜는 3분의 1도 안 되고 3분의 2는 국민이 뽑은 게 아니라 중앙정보부나 경찰이나 면장, 반장들이 뽑은 사람이다, 그 말이여. 이래가지고 이 사람들이 국회에서 우리가 아무리 옳은 소리를 해도 듣지 안 해! 그저 황소같이 고개만 숙이고 정부가 하라는 대로만 한다 이 말이여! (폭소) 하도 분통이 터져서 '이자식들아' 하고 한번 달려들어 보지만 웬걸 공화당 사람들은 군대 갔다 온 사람들이 많아서 유도가 3단, 당수가 5단이었다, 그 말이여! (폭소) 이다음에 국민들이 국회의원 뽑을 때 제발 당수 잘하고 유도 잘하는 사람 빼주었으면 좋겠어. (폭소)

연설의 도입부에 나온 황소를 다시 언급하면서 공화당 군사정권을 비판한다. 당시엔 중앙정보부, 경찰 등이 통반장 조직을 활용해 돈봉투를 돌리며 조직적인 부정선거를 자행하던 시절이다. 이런 부정선거를 통해 당선된 여당 의원들은 '황소'처럼 박정희 대통령의 지시에 묵묵히 따랐다. 이런 부정선거로 대개 여당이 국회의 다수를 점했기 때문에 수적으로는 야당이 여당의 독주를 막기가 어려웠다.

그 때문에 야당의원들은 몸싸움이나 의장석 점거 등 적극적인 육탄 전술을 구사할 수밖에 없었다. 하지만 군인 출신이 많은 여당 의원들은 유도나 가라테唐手 등 무술에도 능해 이것도 쉽지 않았던 모양

이다. 유머를 통해 손발이 묶인 국회의 현실을 풍자한 것이다. 뒤에
는 사법부, 언론, 대학 등 당대 현실을 하나하나 짚어가며 비판한다.

🎙️ 사법부는 어떻소? 사법의 독립은 지금 완전히 유린됐어! 동백림 사건, 그
판결의 일부가 비위에 안 맞는다 해서, 대법원을 빨갱이의 소굴로 몰아갔어!
대법원 판사를 김일성이의 앞잡이로 몰았어! 그 판사가 그만두고 나갔어.
　학원은 지금 짓밟힐 대로 짓밟히고, 학원은 진리의 탐구 장소도 아니요,
대학의 자치도 없는 것이요, 학생들이 나라 일에 대해서 관심을 가졌다가
는, 최루탄과 곤봉에 의해서 대가리가 터지고 갈비가 부러지고, 대학은 자
유의 낙원이 아니라 창살 없는 감옥이요, 대학의 교수와 학생들은, 번호표
없는 죄수라는 걸 여러분은 알아야 한다 그 말이여!
　이 나라의 국시國是인 민주주의는 지금 빈사 상태에 들어갔어. 국체는 이
미 변혁 중에 있는 거여! 여러분, 이 더러운, 민주주의에 대한 원수들, 이 용
서 못 할 조국에 대한 반역자들, 나는 분노와 하염없는, 통분된 심정을 금할
수 없으면서, 내가 호소하는 것은, "하나님이여! 이런 자들에게 벌을 주소
서, 국민이여! 궐기해서 이런 자에게 철퇴를 내리라!"는 걸 호소하고 싶소.

　이제 결론으로 클라이맥스를 향해 간다. 사법부의 독립이 유린되
고, 대학의 자유가 짓밟히는 현실을 고발한다. '최루탄', '곤봉', '대가
리', '갈비' 등 거친 단어도 등장한다. 김대중의 목소리에도 웃음기가
사라지고 자못 비장한 분위기가 감돈다. 목소리 톤도 조금씩 올라간
다. 3선 개헌을 추진하는 군사정권을 향해 '민주주의의 원수', '용서
받지 못할 조국의 반역자'라며 직설적인 비판을 쏟아낸다. "하나님이
여! 이런 자들에게 벌을 주소서, 국민이여! 궐기해서 이런 자에게 철

퇴를 내리라!"고 말하는 대목은 진짜 하나님을 향해 소리치는 것처럼 큰 소리로 호소하고 있다. 김대중의 분노가 절정에 달한 부분이다. 청중도 함께 전율하는 것이 느껴진다.

🎤 여러분! 나는 저기 계신 김구 선생과, 삼열사의 무덤 앞에서 여러분 앞에 맹세합니다. 나는 피로써 여러분 앞에 맹세해! 나는, 이 조국을 멸망과 국민을, 불행의 진구렁 속으로 끌고 간 박정희의 3선 개헌에 대해서는, 내이 사람의, 정치적 생명분 아니라 육체적 생명까지 바쳐서라도, 의정단상에서 내 목숨을 바치면서 싸울 거란 걸 여러분 앞에 맹세해.

이 연설이 이루어진 효창공원은 백범 김구 선생과 구한말 독립을 위해 산화한 삼열사의 무덤이 있는 곳이다. 당시 야당이 김구 선생의 정통성과 상징성을 이어받는다는 의미를 강조하기 위해 효창공원을 연설 장소로 선정했다는 의도를 볼 수 있다. 또한 '피로써 여러분 앞에 맹세한다'는 이 대목에 이르면 김대중은 목이 터져라 외친다. 연설의 클라이맥스이자 핵심 메시지를 전달하며 청중의 호응을 유도하는 부분이다.

청중의 동참을 이끌어내기 위해서는 연사가 먼저 자신을 던지는 모범을 보여야 한다. 김대중은 '정치적 생명뿐만 아니라 육체적 생명'까지 바칠 것을 약속한다. 이 김대중의 말은 단순한 말뿐인 약속이 아니라 실제로 일어날 수도 있는 일이었다. 청중들 역시 저런 말을 하는 김대중이 사실상 생명의 위협까지 감수하고 있음을 알고 있다.

🎤 우리는, 우리 신민당 국회의원들은, 우리의 집주소를, 서대문 현저동 1번지로 옮긴 지 오래여! 감옥에 갈 각오하고 있다 그 말이여! 천명대로 우리의 목숨을 마치지 못하더래도, 우리가 그것을 두려워 할 사람들이 아니여!

내가 여러분들한테 얘기한 것은, 우리 신민당은 유진오 당수 중심으로 결속해서, 우리들의 눈동자가 새까만 한 국민 여러분이 자유와, 국민 여러분이 조국에 대한 신념을 포기하지 않는 한, 우리는 결단코 박정희 씨의 망국적인 3선 개헌을 저지할 사람은, 여러분 앞에 분명히 말씀한다 그 말이여!

마지막으로, 이 사람은 온갖 정성과, 온갖 결심으로써 박정희 씨에게 마지막 충고하고 호소합니다. 박정희 씨여! 당신에게 이 나라 민주주의에 대한 일천의 양심이 있으면, 당신에게 국민과 역사를 두려워할 지각이 있으면, 당신에게, 4.19와 6.25 때 죽은 우리 영령들 주검의 값에 대한 생각이 있으면, 어떠한 일이 있더라도 3선 개헌만은 하지 마라!

이 연설이 행해지던 시절은 군사정권 시대다. 정치를 하다가 죽을 수도 있는 시대였다. 실제로 당시 박정희 정권에 반대하는 노선을 걷던 광복군 출신 정치인인 장준하는 등산을 갔다가 하루아침에 의문의 실족사를 당했다. 반박정희 노선을 걸으며 김대중 못지않게 정도로 야당 내에서 인기와 신망이 높던 그였다. 그만큼 당시 군사정권에 대한 공포는 만연했다.

얼마 전, 장준하의 묘를 이장하는 과정에서 장준하 유골 중 두개골에 망치로 맞은 흔적이 발견됐다. 소리 소문 없이 야당 정치인 하나 죽이는 건 문제도 아니었던 시대였다. 김대중의 연설은 당시 시대 정황상 정말로 목숨을 걸고 하는 연설이었다. 그 와중에도 그는 당당함을 잃지 않고 있다. 서대문 현저동 1번지, 지금은 독립운동을 기념하는 박물관으로 바뀐 서대문 형무소가 있던 장소다. 그는 죽음을 각오하고 연설을 하고 있다.

또한 오바마가 연설에서 목소리의 강약 조절을 자유자재로 했듯이 김대중도 연설의 이 부분에서 강약 조절을 하는 대목을 볼 수 있다. '박정희 씨여!' 하고 소리 높여 부른 뒤 '당신에게' 라는 주어를 세 번 반복한다. 그런데 처음의 두 번은 '당신에게'를 매우 큰 목소리로 강조한 반면 세 번째의 '당신에게'는 목소리를 아래로 착 깔고 낮게 읊조린다. 그 부분에서 청중은 더욱 집중하며 김대중의 말에 귀를 기울이게 된다. 무조건 소리만 크게 지른다고 해서 좋은 연설이 되는 건 아니다. 조그맣게 이야기해도 사람들의 이목을 끌 수 있다. 적절한 강약 조절은 좋은 연설의 기본 중 하나다.

🎙 만일, 당신이 기어이 3선 개헌을 했다가는, 이 조국과 국민들에 대해서 말할 수 없는 죄악을 가져올 뿐 아니라, 박정희 씨 당신 자신도 내가 몇 월 며칠날 그렇게 된다고 날짜와 시간은 말 못 하지만, 당신이 제2의 이승만 씨가 되고, 제2의 '아유브 칸'이 되고, 공화당이 제2의 자유당이 된다는 것만은, 해가 내일 아침에 동쪽에서 뜬 것보다 더 명백하다는 것을 나는 경고해서 마지않는 바여.

이 대목도 김대중의 예언이 돋보이는 대목이다. 실제로 1971년 대선 당시, 김대중의 추격에 당황한 박정희 후보는 만약 또 당선된다면 3선까지만 대통령을 하고, 다시는 대선 출마를 하지 않겠다며 국민 앞에서 약속했다. "더 이상 국민 여러분께 표를 달라고 하는 일은 없을 것"이라고 공표한 것이다. 이를 두고 김대중은 "박정희 후보가 집권하면 아예 선거를 폐지하고 총통제로 가겠다는 의미"라며 독재 정권을 시도하려는 암시라고 해석하기도 했다.

실제로 1974년 박정희 대통령은 친위 쿠데타를 통해 유신헌법을 발표하고 유신정권을 수립한다. 민주주의라는 겉치레를 걷어내고 본격적인 독재자의 길을 걷기 시작한 것이다. 마침 해외에 체류 중이던 김대중은 유신정권에서 더 이상 정치활동을 할 수 없게 되자 일본으로 망명해 유신정권 반대 운동을 했다. 이 활동 중 중앙정보부에 의해 납치를 당해 죽을 뻔한 고비를 넘기기도 했다.

정치인의 내공이 깊어지면 예언가의 면모를 보인다. 정치란 종합예술이라고 한다. 각 분야의 모든 정보를 취합해 종합적으로 사고하다 보면 어느 순간 미래가 어떻게 흘러갈지 예측이 가능해진다. 연설의 이 대목에서 김대중은 박정희를 향해 '제2의 이승만'이 될 거라며 경고한다. 그가 이끌던 공화당도 '제2의 자유당'이 될 거라고 했다. 그리고 예언은 현실이 됐다. 공화당은 자유당처럼 몰락하고, 박정희는 암살로 대통령의 자리에서 내려왔다. 오히려 이승만보다 더욱 비극적인 최후를 맞이한 것이다.

🎙 국민 여러분이여! 국민에게 호소. 국체의 변혁을 꿈꾸는 3선 개헌을 분쇄합시다. 국민 여러분이여! 민주주의를 이 땅에 꽃피워가지고 우리들의 후손에게 영광된 조국을 넘겨줍시다! 여러분에게, 다 같이 궐기해서 3선 개헌 반대투쟁에, 한 사람 한 사람이 결사의 용사가 될 것을 호소하면서 저의 말씀을 그치겠습니다. 감사합니다.

마지막으로 연설의 메시지를 요약 정리한다. "삼선개헌은 국체의 변혁이다"라는 제목에 걸맞게 '국체의 변혁을 꿈꾸는 3선 개헌을 분쇄하자'고 강조한다. 그리고 우리의 후손에게 제대로 된 민주주의 국가를 넘겨주자고 호소한다. 꼭 김대중뿐만 아니라 민주화를 위해 헌신하고 희생한 수많은 선조의 노력이 아니었다면 우리가 지금의 자유와 민주주의를 누리며 살 수 있었을까? 산업화의 성공 원인을 박정희에게서 어느 정도 찾을 수밖에 없다면, 민주화의 성공에 김대중이 끼친 영향은 어느 정도일까? 후손의 한 사람으로서 숙연해지는 대목이다.

김대중 명연설의 특징

앞 장에서 다룬 오바마의 연설처럼 김대중의 연설에서도 좋은 연설의 공통점을 짚어볼 수 있다. 다섯 가지 중요한 포인트를 다시 정리해보자.

❶ 시작이 반이다

먼저 연사가 대중이 어느 정도 알고 있는 유명인사일 경우, 가급적 재미있는 소재로 연설을 시작한다. 딱딱한 본론으로 바로 들어가는 것보다 웃음으로 청중의 호감을 이끌 수 있는 효과가 있다. 김대중 연설의 '황소 난동' 스토리는 당시 발생한 사건사고 기사를 당대의 정치상황과 절묘하게 연결해서 청중의 이목을 끄는 데 성공했다. 시청 앞 뉴코리아 호텔에서 연설문을 준비하던 김대중은 이 사건 기사를 발견하고 아마 무릎을 치며 기뻐했으리라.

하지만 연사가 청중에게 전혀 알려지지 않은 무명의 인사일 경우, 자신의 이야기로 시작하는 것이 좋다. 앞 장에서 밝힌 연설문 10계명의 제1계명을 따르라는 것이다. 먼저 개인적 나의 이야기를 통해 청중의 이목을 끈 뒤 우리 모두의 이야기로 확장해나가야 한다. 2004년 오바마의 민주당 전당대회 연설에서 오바마가 자신의 가정사에서 시작해 전체 미국인의 삶으로 연설을 연결한 시도를 들 수 있다.

❷ 용기 있게 말하라

"박정희 씨여! 당신은 지금 입으로는 점잖은 소리 무어라고 무어라고 하지만 당신 내심으로는 헌법 고쳐가지고 71년 이후에도 영원히 해먹겠다는 시커먼 배짱 가지고 있는 것이 사실 아니오?"

김대중 대통령이 연설에서 보여준 최고의 자질은 바로 용기다. 대중 앞에 나설 때, 연사는 용기 있는 모습을 보여줘야 한다. 총칼을 쥔 무시무시한 박정희 정권 앞에도 할 말은 다 하는 모습 말이다. 연설을 위해 무대 위에 올라선 연사는 카리스마가 있어야 한다. 카리스마를 만드는 가장 큰 자질은 용기다. 다만 이 용기는 경솔한 만용과는 다르다. 분명한 대의명분과 치밀한 논리에 기반한 용기여야 대중을 설득할 수 있다.

❸ 반론 수용과 재반박

"공화당에 윤치영尹致暎 씨라는 사람이 이런 말을 했어, '박정희 대통령은 단군 이래의 위인이다.' 이랬다 말이여! 단군 이래의 위인이니까 신라의 김유신, 고려의 태조 왕건, 이조의 세종대왕, 이순신 장군보다 더 위대하다 그 말이여!"

1960년대 후반은 박정희 대통령이 추진한 산업화가 어느 정도 결실을 거두며 국민들의 지지도 받고 있던 상황이다. 그 때문에 윤치영의 말을 풍자하면서도 일단 어느 정도 수용하는 모습을 보여준다. 김대중도 이를 의식해서 인지 '박정희 위인설'을 정면 부정하진 않고 '잘 모르겠다'고 말한다.

> "내 박정희 씨가 단군 이래의 위인인지 아닌지는 모르겠어!"

하지만 바로 이어서 다른 논거를 통해 재반박에 들어간다.

> "그러나 한 가지 분명한 것은 만일 박정희 씨가 3선 개헌을 그대로 추진했다가는 박정희 씨가 단군 이래의 위인이 아니라 단군 이래의 폭군이 된다는 것만은 분명하다는 말을 여러분에게 분명히 말하고 싶소. ('옳소' 환성. 박수)

경제성장 면에서는 '위인'의 반열에 오를 수 있을지 모르겠으나, 3선 개헌을 추진한다면 폭군이 될 것이 명백하다는 논리다. 상대 주장의 타당성을 받아들이는 듯하면서 재반박을 통해 설득력을 높이는 구성이다.

❹ 자신의 각오를 밝히라

> "나는 저기 계신 김구 선생과 3열사의 무덤 앞에서 여러분 앞에 맹세합니다. 나는 피로써 여러분 앞에 맹세해!"
> "나는 이 조국의 멸망과 국민을 불행의 진구렁 속으로 끌고 간 박정희 씨의 3선 개헌에 대해서는 이 사람의 정치적 생명뿐 아니라

육체적 생명까지 바쳐서라도 의정단상에서 내 목숨을 걸고 싸울 것을 여러분 앞에 맹세합니다."

"우리는, 우리 신민당 국회의원들은 우리의 집 주소를 서대문 현 저동 101번지로 옮긴 지 오래여. 감옥에 갈 각오를 하고 있다 이 말이여! 천명대로 우리의 목숨을 마치지 못하더라도 우리가 그것 을 두려워할 사람들은 아니여!"

"내가 여러분들한테 이야기하고자 한 것은 우리 신민당은 유진오 당수 중심으로 결속해서, 우리들의 눈동자가 새까만 한 국민 여 러분이 자유와 조국에 대한 신념을 포기하지 않는 한, 우리는 결 단코 박정희 씨의 망국적인 3선 개헌을 저지하고야 말 사람이라 는 것을 여러분 앞에 분명히 말씀한다 그 말이여!"

사람이 죽어야 눈동자가 없어진다. 살아 있는 한 조국의 민주화에 대한 신념을 포기하지 않겠다는 김대중의 굳은 신념을 엿볼 수 있는 표현들이다. 만약 김대중이 훗날 정권의 회유에 넘어가 군사정권의 장차관 등 고위 인사가 되었다면, 그의 연설은 명연설로 기억되지 않았을 것이다. 민주주의라는 대의를 위해 박정희, 전두환, 노태우 정권과 타협하지 않고 끝까지 투쟁했기에 그의 연설은 진정성이 훼손되지 않았다. 그와 비슷한 길을 걸었던 김영삼은 민주화의 마지막 순간 노태우 정권의 유혹에 넘어가 3당 합당을 함으로써 김대중과 같은 역사적 위상을 갖지 못하게 됐다. 김영삼과 달리 김대중은 마지막까지 자기 세력을 이끌고 민주주의 선거를 통해 정권교체를 이루어냈기에 그는 대한민국 민주화의 주인공이 될 수 있었다. 스스로의 일생을 통해 자신의 신념을 증명해낸 것이다. 이 연설이 많은 후손에게 기억되고, 한국 민주주의의 역사에 기록된 이유다.

❺ 청중의 동참을 호소하라

"국민 여러분이여! 국체의 변혁을 꿈꾸는 3선 개헌을 봉쇄합시다. 국민 여러분이여! 민주주의를 이 땅에 꽃피워가지고 우리나라의 후계자들에게 영광된 조국을 넘겨줍시다. 여러분 다 같이 궐기해서 3선 개헌 반대투쟁에 한 사람 한 사람이 결사의 용사가 될 것을 호소하면서 저의 말씀을 줄이겠습니다."

연설의 목적은 설득이다. 대중을 설득해 행동의 변화를 이끌어내는 것에 있다. 3선 개헌은 한 명의 정치인이 아무리 투쟁하고 소리쳐도 막을 수 있는 문제가 아니었다. 온 국민이 다 같이 행동으로 나서야 막을 수 있었다. 그 때문에 그는 국민의 행동 변화를 촉구하는 것이다.

대만, 필리핀, 싱가포르, 말레이시아 등 아직까지 전 세계에는 옛 독재자 혹은 그 후손이 집권하는 나라가 많다. 세습이 아닌 선거로 정권을 주고받아야 정치인들이 국민을 두려워한다. 김대중은 국민이 주인인 민주주의 사회를 건설하기 위해 투쟁했다. 언론이 사회를 감시하고 비판하는 기능을 수행하고, 누구든 하고 싶은 이야기를 자유롭게 할 수 있는 사회, 그런 민주사회를 꿈꿨다. 우리 세대의 과업은 후손을 위해 그런 사회를 만들어주는 일이라고 말한다. 국민에게 민주사회를 만들자며 동참을 호소했다. 대중을 설득하는 민주화 지도

자로서 탁월한 면모를 보여준다.

　김대중은 삶의 마지막 순간에도 국민의 행동을 촉구했다. 2009년 노무현 대통령이 서거하고, 김대중이 참석한 6.15 남북공동선언 기념행사 때, 그는 인생의 마지막 대중연설을 했다. 그때 그는 "이렇게 민주주의가 무너지는 모습을 두고 봐서는 안 된다"며 각자 자기가 할 수 있는 범위에서 행동에 나서달라고 호소했다. "행동하지 않는 양심은 악의 편"이라고 외쳤다. 정 마땅한 수단이 없으면 인터넷에 댓글을 달거나, 담벼락에 욕이라도 해야 한다며 국민에게 메시지를 보냈다.

　그의 정치 인생 50년이라는 긴 세월 동안 우여곡절이 많았고, 대통령 임기 중 정책 면에서 아쉬운 점이나 실수도 있었다. 그럼에도 그의 정치적 신념의 중심에는 민주주의가 항상 자리했다. 말로 진정성을 보여주고, 행동으로 증명했다. 퇴임 이후 건강이 좋지 않았음에도 민주주의의 가치를 지키기 위한 자리라면 어디든 달려갔다. 그는 자신의 말과 글을 지키기 위해 분투한 정치인이다. 그는 대한민국의 명연설가의 계보를 잇는 인물로 지금까지 남아 있다.

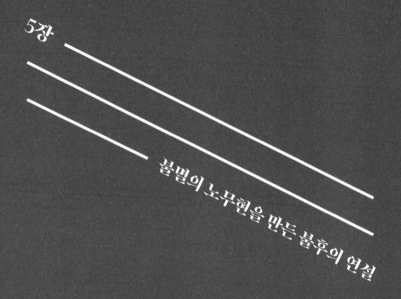

5장

불멸의 노무현을 만든 불후의 연설

대중과 소통하는 자가 좋은 연설가가 된다.

노무현 대통령과의 인연

이번 장의 주제는 노무현 대통령의 연설이다. 그 전에 잠시 내 이야기를 해보겠다. 내가 노무현을 알게 된 것은 대학생 시절로 거슬러 올라간다. 나는 대학교 2학년 시절에 치열했던 15대 대선 운동에 뛰어들었다. 앞 장에서 말한 김대중과의 만남이 결정적인 계기였다. '새정치국민회의 대학생 모니터요원'이라는 이름으로 '김대중 캠프'에 참여한 우리는 순수한 대학생 자원봉사자로 활동했다. 재래시장에서 상인에게 홍보도 하고, 후보가 참여한 TV토론회의 모니터링을 하기도 했다. 대학생들이 직접 선거운동에 참여해 50년 만의 정권교체를 성공적으로 이루어냈다는 자부심이 있었다. 당시는 선거운동을 하면 일당을 주던 시절이었다. 하지만 당시 당의 청년위원장이던 신계륜 전 의원은 돈 한 푼 받지 않고 열심히 뛰는 우리를 보고 신기해하기도 했다. 그 당시 내 학점은 0.0을 기록했다.

선거는 이겼고, 새정치국민회의가 집권했다. 성공적인 캠프 활동을 마치고, 대학생 모니터 요원들과 함께 무주 리조트에 가서 선거

승리를 자축하는 뒤풀이를 했다. 그때 나는 난생처음으로 스키를 탔다. 당시 무주 리조트 행사에는 50명 정도의 학생들이 참가했다. 당내 공식 기구인 대학생위원회가 없던 시절이다. 선거 이후에도 우리는 대학생 모니터링 요원으로 국정을 지켜보며 비판하고 견제하는 활동을 하게 될 것으로 내심 기대했다. 그러나 그날 밤, 신계륜 전 의원의 격려 한마디를 끝으로 우리의 활동은 종료됐다.

"너희들처럼 돈도 안 받고 자원 봉사하는 애들은 처음이다. 그런데 우리 활동은 오늘까지다. 해산하자."

당시 정당에서는 대학생에 대해 선거운동할 때 몸으로 직접 뛰어야 할 일에만 필요할 뿐 청년층을 대변할 목소리가 필요하다고 공감하지는 못한 것 같다. 청년의 정치 참여와 발언의 필요성을 이해하지 못한 분위기였다. 열심히 활동한 우리로서는 아쉽고 당황스러웠다. 당사에 작은 공간 하나만 마련해줘도 충분했다. 나머지 운영은 자율적으로 진행될 수 있었다. 당내에서 상시적으로 대학생의 목소리를 낼 수 있는 기회를 기대했다. 그러나 결국 당의 의사를 존중하고 해산했다.

세월이 흘러 5년이 지났다. 남북정상회담과 노벨상 수상 등 김대중 대통령의 행보를 국민의 한 사람으로서 지켜봤다. 현역 시절 그의 지지율은 비슷한 시기 김영삼 대통령의 지지율보다 높았던 적이 없었다. 가장 높았던 때도 50퍼센트 언저리에 머무는 정도였다. 김대중 대통령은 아들 세 명이 모두 비리에 연루되어 곤욕을 치르기도 했다. 대통령의 임기 말 지지율은 더욱 하락했다.

'사람 사는 세상' 노무현에게 받은 사인

2002년, 새로운 대통령 선거가 다가왔다. 하지만 내가 노무현을 직접 만난 것은 1997년 김대중 캠프의 선거운동 시절로 거슬러 올라간다. KBS에서 열린 심야 토론회장이었다. 김대중 후보가 여러 교수와 패널 앞에서 후보 검증 토론을 할 때였다. 난 대학생 모니터 요원이자 방청객으로 방청석 뒤쪽에 앉아 있었다. 내 앞자리에 한 양복 입은 중년의 신사가 앉았다. 노무현이었다. 그는 당시 부산 출신의 원외 인사였지만, 호남이 중심인 새정치국민회의에 합류해 그의 선거운동원으로 후보 일정을 수행하고 있었다. 앞서 언급한 김대중의 TV 광고에도 노무현이 등장한다. 유튜브를 찾아보면 노무현이 김대중 후보 지지 연설을 한 연설 영상도 있다. 부산 출신인 그가 호남출신인 김대중 뒤에 서 있는 것만으로도 든든한 지원군이 되었다. 내앞자리에 앉은 노무현에게 사인을 한 장 부탁했다. '사람 사는 세상,

노무현', 그때 받은 사인의 문구를 여전히 기억한다.

　노무현은 1998년 15대 국회의원 종로구 보궐선거에서 새정치국민회의 후보로 당선된다. 부산에선 연거푸 낙선했지만, 서울에선 '청문회 스타'로 여전히 큰 인기를 끌고 있었다. 종로구는 '대한민국의 정치 1번지'다. 한 번 더 당선된다면 바로 여권의 대선주자로 발돋움할 수 있는 좋은 지역구였다. 그런데 2000년, 그는 지역주의에 맞서기 위해 유리한 지역구인 종로를 버리고 부산으로 향한다. 그러나 16대 국회의원 총선에서 낙선한다.

　이전까지 민주당 부산 깃발의 상징은 노무현이었다. 항상 여론조사에서 상대 후보보다 우세했다. 그런데 총선 한 달 전, 김대중 정부가 남북정상회담 계획을 발표했다. 김대중 대통령과 김정일 북한 국방위원장의 역사적인 첫 만남이 성사된 것이다. 국가적으로는 경사였지만, 선거에 어떤 영향을 미칠지는 미지수였다. 특히 예상치 못하게 영남지역에서 역풍이 불었다. 선거 전날까지도 여론조사에서 앞서던 노무현은 이 역풍에 무너졌다. 이때 노무현은 정치를 접을 결심까지도 했다고 한다. 그런데 기적이 일어났다. 인터넷을 바탕으로 낙선한 노무현에 관한 동정 여론이 일어난 것이다. '바보 노무현'이란 별명도 이때 생겨났다. 이 여론은 '노무현을 사랑하는 사람의 모임(노사모)'라는 자발적인 정치 팬클럽이 형성되는 데 큰 밑거름이 됐다.

　🎙 마지막 2000년 선거는 그 이전에 종로에서 당선되었기 때문에 지역구가 종로에 있는데, 훨씬 유리한 곳인데 왜 그걸 버리고 부산으로 가냐, '바보...' 이렇게 붙여줬죠. 그동안에 사람들이 나한테 붙여줬던 별명 중에서

제일 마음에 드는 별명입니다.

  - 2007년 임기 말이던 노무현 대통령은 한 방송과의 인터뷰에서

나도 이때 노사모의 초창기 멤버로 가입했다. 그렇다고 당장 무슨 활동을 한 것은 아니다. 대학원생 시절, 도서관에서 노사모 홈페이지에 접속하게 돼 일단 회원 가입을 했을 뿐이다. 그 후 2년 뒤인 2002년 참여연대가 기획한 대학생 국민경선 모니터 활동에 참여했다. 시민 단체인 참여연대에서 당시 민주당이 처음 도입한 국민경선이 공정하게 실시되는지 모니터링하는 활동을 기획한 것이다. 그 모니터단을 이끈 이는 상지대학교의 정대화 교수였다. 모니터링을 위해 처음으로 내려간 현장이 바로 민주당의 광주 경선장이었다. 그곳에서 노무현 후보가 이인제 후보를 꺾고 1위를 기록했다. 부산 출신 정치인이 호남에서 1위를 하는 기염을 토한 것이다. 나는 현장에서 이 과정을 목격했다.

"광주시민 여러분들의 위대한 승리, 민주당의 승리, 한국 민주주의 승리로 이어질 수 있도록 최선을 다하겠습니다."

노무현 후보는 연단에서 감격적인 소감을 밝혔다. 이후 노무현은 단숨에 지지율이 급상승했다. 노무현의 바람, 즉 '노풍盧風'의 시작이었다. 광주 경선 직후 이인제의 지역 기반인 대전·충청권에서 일격을 당해 노풍이 꺾이는 듯 보였다. 그러나 대구광역시 경선 결과, 그는 종합 1위로 확정됐다. 그는 2002년 4월 26일, 서울 경선에서 새천년민주당의 제16대 대통령 선거 후보로 공식 선출됐다. 경선이 끝난 4월 말 노무현 후보의 지지율은 60퍼센트로, 당시 역대 대통령

후보 가운데 사상 최고치였다.

　그러나 노풍은 오래가지 못했다. 그는 대선 후보로 선출된 직후 비전으로 '민주 세력 대통합론'을 제시했다. 1987년 대선에서 분열된 영남과 호남의 민주화 세력을 다시 하나로 묶어내 한국의 미래를 함께 열겠다는 포부였다. 이를 위해 노무현 후보는 첫 일정으로 김영삼의 상도동 자택을 찾았다. 김영삼 전 대통령을 만나 대통합론의 취지를 전달했다. 이 자리에서 노무현은 통일민주당 시절 김영삼으로부터 손수 받은 손목시계를 내보이기도 했다.

　하지만 국민의 반응은 싸늘했다. IMF 경제위기로 큰 타격을 받았던 국민은 여전히 김영삼 대통령을 용서하지 못하고 있었다. 김영삼 대통령과의 친분 과시는 그에게 오히려 독이 되었다. 또한 5월 들어 김대중 대통령의 두 아들인 김홍업과 김홍걸 씨의 비리 혐의가 불거졌다. 하락한 김대중 대통령의 지지율은 노풍에도 영향을 미쳤다. 지지율이 본격적인 내림세로 돌아서기 시작했다. 설상가상으로 2002년 6월 월드컵 4강 진출의 효과로 정몽준 국민통합21 대표의 인기가 치솟았다. 노무현 후보는 지지율도 반토막이 나고 당내 의원들로부터도 배척받기 시작했다. 당내에선 지지율이 높은 '정몽준 씨로 후보를 교체하자', '노무현 후보로 대선까지 갈 수 있겠느냐'라는 목소리가 터져 나왔다. '후보 단일화론', '후보 교체론'까지 거론됐다. 이때 구원투수가 등장한다. 바로 '유시민'이다.

화염병을 던지는 마음으로

🎙 계속 칼럼 쓰고 관전자로 머물다 그런 날을 맞이하면, 그 순간 어떤 느낌이 들까. 내가 명색이 민주주의를 갈망하는 사람으로서, 민주공화국의 시민으로서 할 도리를 과연 다 한 것이냐는 회한이 가슴을 칠 것 같았다. 최선을 다해 노력했는데 안 되면 할 수 없는 일이지만. 공공연한 반칙이 자행되는 과정에서 국민후보가 낙마하고, 이 사태를 그대로 관전자로 보면서 방관하다 12월 19일에 홧술이나 마시는 모습은 생각만으로도 끔찍하다.

지금 나는 화염병을 들고 바리케이드로 뛰어드는 심정이다. 옛날 (학생운동 시절) 을지로에서 유인물을 만들고 화염병 제조해 반입하고, 던지고 그럴 때… 정말 하기 싫었다. 그런데 박정희 정권의 유신치하, 5공화국 때 그런 일조차 하지 않고 그 시대를 통과하면 너무 너무 후회할 것 같았다. 그래서 하기 싫어도 했다. 지금이 딱 그런 심정이다.

– [인터뷰] 유시민의 '시민선언'… 내가 절필한 이유, 오마이뉴스, 2002.8.1.

'운동권 시절 화염병을 던지는 마음', 당시 MBC 백분토론 진행자였던 유시민은 정치에 뛰어드는 심정을 이렇게 표현했다. 국민경선을 통해 선출된 노무현 후보가 당내 동교동계 정치인들에 의해 흔들리는 모습을 두고 볼 수 없었던 것이다. 이에 유시민, 명계남, 문성근 등 친 노무현 성향의 시민사회 세력이 뭉쳤다. 2002년 10월, 부패청산, 국민 통합, 참여 민주주의, 인터넷 정당의 기치를 내걸고 '개혁국민정당'을 창당했다. 당시 유시민은 관악구청에서 창당 발기인 모집을 위한 특강을 했다.

당시 대학원생이던 나도 그 특강에 참여했다. 5년 전 김대중 대통령의 특강을 듣고 선거운동에 뛰어든 기억이 새록새록 떠올랐다. 하지만 석사학위 논문도 써야 하고 군대도 가야 하는 몸이었다. '머리도 식힐 겸 그냥 재미 삼아 들어보지 뭐' 정도로 큰 기대 없이 무심코 참여한 자리였지만, 나는 유시민이 역설하는 국민이 참여할 수 있는 새로운 정당, 즉 국민 참여형 정당을 만들자는 취지에 공감했다.

마침 강의장 앞에는 개혁국민정당 발기인 모집 데스크가 있었다. 현장에서 발기인 가입비 1만 원을 내고 등록했다. 개혁국민정당은 인터넷 정당이라는 기치로 일찍이 온라인 홈페이지를 운영했다. 주목할 만한 점은 '대학생위원회' 게시판이 있다는 점이다. 이 위원회 활동을 통해 나와 노무현 대통령의 인연도 다시 이어진다. 다음의 사진은 대학생위원회 활동사진이다. 투표 참여 캠페인 활동에 나가기 전, 모처럼 찍은 단체사진이다. 위원회 사진의 맨 오른쪽에 익숙한 얼굴, 바로 유시민이다. 우연히 화장실로 가다가 대학생위원회 단체사진에 깜짝 등장했다.

김대중 캠프의 대학생 모니터 요원 중에선 막내였던 내가 시간이 흘러 노무현을 돕는 개혁국민정당선 대학원 2학년생으로 최연장자 중 하나가 됐다. 대학생 위원회의 리더를 뽑아야 했는데, 선출을 하기엔 대표성이 부족해 추천받은 사람들로 사다리를 타기로 했다. 세 명의 후보 중 사다리가 닿은 곳에 내 이름이 있었다. 당첨 같은 당선이 됐다. 개혁국민정당 대학생위원회 초대 임시 위원장을 맡은 것이다.

약 3개월간 정말 열심히 투표참여 운동을 했다. 우리는 공식적으로 민주당 소속이 아니었기 때문에 '노무현'을 돕는 선거운동은 할 수 없었다. 하지만 젊은 층의 투표율을 끌어올리면 그게 노무현 후보를 돕는 선거운동이라고 생각했다. 그래서 갖가지 아이디어를 내며 투표참여 운동을 진행했다.

먼저 기억에 남는 활동이 이른바 '철가방 지하철 운동'이다. 노란 조끼와 배달용 철가방을 들고 지하철을 도는 활동이었다. 철가방 안에는 세 후보의 공약을 비교한 전단지를 넣었다. 세 대선후보의 공약만 비교해도 시민들이 노무현 후보를 뽑을 거라는 자신이 있었다.

신촌, 강남, 홍대입구 등 대학가를 비롯한 젊은 층이 모이는 곳에서 스티커 투표도 진행했다. 이른바 미리 보는 '스티커 모의 대선'이다. 다음 사진에서 보이는 것처럼 실제로 젊은 층이 많은 곳에선 노무현 후보가 압도적인 지지를 받았다. 이런 판때기를 들고 다니는 것만으로도 노무현 후보에 대한 선거운동이 됐다. 유력한 후보에게 더욱 지지가 집중되는 '밴드 웨건 효과'를 볼 수 있었기 때문이다.

열기로 가득했던 선거 운동 기간이 끝났다. 2002년 12월 노무현 후보는 16대 대한민국 대통령에 당선됐다. 김대중부터 노무현까지 이어진 나의 선거운동과 정당 경험은 나의 대학원 연구 주제에도 영향을 미쳤다. 새천년민주당의 국민경선 도입 과정에 대한 연구가 내 논문의 주제였다. 실제 나의 선거운동 활동을 기반으로 한 참여 관찰적 논문이었다.

개혁국민정당 활동을 마치고 학사 장교로 군 입대를 했다. 석사학위가 있었기에 공군사관학교에서 3년간 교수요원으로 근무하는 기회를 얻었다. 마지막 환송 파티에서 개혁당 동지들에게 이렇게 말했다. "3년만 이 당을 지켜주면 3년 뒤 내가 돌아와서 100년 가는 정

당을 만들겠다." 하지만 석 달간의 군사훈련을 마치고 나와 보니 개혁국민정당은 온데간데없었다. 참여정부의 집권당인 열린우리당이 창당되면서 개혁국민정당 당원들이 뿔뿔이 흩어져 열린우리당에 합류한 것이다. 또한 아쉽게도 열린우리당에는 개혁당에는 있던 대학생위원회가 없었다. 또다시 청년들의 활동 공간이 사라진 것이다.

3년이 흘러 제대한 뒤에는 이미 참여정부의 임기 말이었다. 나는 먹고살기 위해 직업을 가져야 했다. 그런데 마침 참여정부의 마지막 청와대 청년 인턴 공채가 떴다. 이미 서른을 넘긴 나이라 인턴을 하기엔 부담스러웠지만, 내가 탄생에 기여한 정부를 위해 마지막으로 봉사하고 싶은 마음으로 지원했다. 결과는 서류 탈락. 아쉬운 마음을 뒤로하고 뒤늦게 또 다른 취업 준비에 뛰어들었다.

노무현 명연설 신드롬

노무현 서거 이후 그의 연설이 다시 주목받기 시작했다. 2008년 2월 노무현은 임기를 마치고, 고향으로 돌아갔다. 그리고 1년 만인

2009년 세상을 떠났다. 사실 노무현은 임기 중 인기 있는 대통령은 아니었다. 임기 초기 한나라당 주도의 탄핵 사태를 거치면서 잠시 정국 주도권을 잡는 듯했지만, 임기 말까지 노무현의 지지율은 낮았다. 그러나 서거 후 '노무현 신드롬'이라는 말이 있을 만큼 다시 인기가 치솟았다. 특히 유튜브에선 노무현이 생전에 한 연설 영상들이 화제가 되며 높은 조회 수를 기록하고 있다.

이런 신드롬의 배경에는 박근혜 대통령의 탄핵 사태가 있다. 최서원 씨가 박 대통령의 연설문을 대신 써준 사실이 JTBC 보도를 통해 드러나면서 탄핵 사태에 불을 지폈다. 박 대통령도 다른 의혹은 부인했지만, 최 씨가 일부 연설문 수정에 도움을 준 사실은 기자회견에서 인정했다. '최서원 국정농단'의 시작은 대통령의 말과 글을 주무른 것이었다. 최 씨의 도움이 없이 박근혜 전 대통령의 말을 이해하려면 번역기가 필요하다는 말이 나올 정도였다. 대통령과 국민의 소통이 불가능할 수밖에 없었던 이유다. 대통령이 자기 말과 글을 스스로 한다는 게 얼마나 중요한지를 전 국민이 직접 경험했다.

유독 자기만의 '말과 글'로 이슈가 많았던 노무현 대통령의 연설들이 다시 주목받기 시작한 까닭이다. 노무현 대통령의 연설문을 모아둔《노무현 명연설》(더휴먼, 2016)이라는 책도 발간됐다. 김대중 정부와 노무현 정부에서 연설비서관을 지낸 강원국 씨가 쓴《대통령의 글쓰기》(메디치미디어, 2017)라는 책도 뒤이어 출간됐다. 윤태영 전 청와대 대변인의《대통령의 말하기》(위즈덤하우스, 2016)도 비슷한 흐름의 책이었다. 바야흐로 노무현의 '말과 글'이 집중 조명되기 시작한 것이다.

나는 이 책들을 읽으며 아쉬움을 느꼈다. 특히 《노무현 명연설》이란 책은 참여정부 시절 대통령이 참석한 공식 행사의 축사 원고를 모은 것이었다. 그저 인터넷 검색과 정부기관에 탑재된 자료를 취합해 엮은 수준이다. 사실 노무현의 명연설은 주로 선거기간 동안 이루어졌다. 그러나 유튜브에서 국민의 사랑을 받고 있는 유명한 연설들은 단편적으로 연설이 이루어진 상황만 게시할 뿐 전문을 깊이 다루지 못했다. 유튜브에 게시된 연설만 제대로 다루었어도 내용이 더 풍부해졌을 것이다. 그의 '진짜' 명연설을 실지 못했단 점에서 불성실한 편집이라고 평가할 수밖에 없다.

그 때문에 나는 주로 공식적인 축사보다 그가 선거운동 과정에서 했던 연설과 당선 이후에 특히 화제가 된 연설들을 중심으로 분석하고자 한다. 그의 말과 글이 왜 우리의 마음을 움직였는지 함께 살펴보자.

노무현의 문재인 지지연설: 2002년 부산

2019년 현재 유튜브에서 '노무현 연설'로 검색하면 가장 상위에 나타나는 연설이다. 수많은 그의 연설 중 가장 많은 사람이 찾았다는 뜻이기에 제일 먼저 꼽았다. 당연히 현재 문재인 대통령의 인기와도 관련이 있다. 흔히 '노무현이 문재인을 지지한 연설'로 알려진 연설이다. 그의 연설 내용을 살펴보자.

🎤 노무현? (대통령) 깜이 되겠나? 말할 때, 저도 됩니다! 말하기에 망설임이 있었습니다. 그러나 오늘부터 저는 망설이지 않겠습니다! 깜이 되겠나?

물으면 깜이 된다! 당당하게 말하겠습니다. 그 사람을 알기 위해서는, 그 사람을 제대로 알기 위해서는, 그 친구를 보라고 했습니다. 여러분, 말은 떠듬떠듬 유창하지 않게 원고를 보면서 읽었습니다만, 제가 아주 존경하는, 나이는 저보다 적은, 아주 믿음직한 친구! 문재인이를 제 친구로 둔 것을 정말 자랑스럽게 생각합니다.

2002년 대선 출마를 선언한 노무현 후보가 부산의 어떤 행사를 찾아서 한 연설이다. 대통령 선거에 나선 사람이 본인 자랑이 아니라 뜬금없이 친구 자랑을 해 다소 특이해 보인다. '훌륭한 친구를 뒀기 때문에 나를 찍어야 한다'는 논리를 편 것이다. '그 사람을 알기 위해서는'이라는 문구를 반복해 운율을 잘 살린 형태도 돋보인다.

이 연설의 현장은 부산이다. 노무현과 문재인 대통령은 실제로 일곱 살 차이가 난다. 엄격하게 말하면, 친구라고 보기엔 애매하다. 성인이 돼서 만났고 직장생활(법무법인 부산)을 같이 했으니 선후배나 아무리 가까워도 형, 동생쯤 된다고 봐야 한다. 그러나 노무현이 먼저 문재인을 친구라고 불렀기에 '친구'라는 관계 성립이 가능했던 것이다. 바로 이 호칭이 훗날 문재인이 대통령이 되는 데 큰 힘이 됐다.

2002년 당시 노무현은 이제 겨우 국회의원에 두 번 당선된 정치인이었을 뿐이다. 그런 그가 대통령이 되겠다고 나서니 지지율이 처음부터 높게 나올 리 없었다. "노무현도 대선 나온데?", "노무현이 대통령감이야?" 이런 술렁거림도 있었다. 이전까지는 독립운동, 경제성장, 민주화 등 신화적인 역사를 일군 영웅이 대통령이 되는 시대였다. 노무현을 향해 '대통령감이 되냐'라는 비토 세력이 형성되는 이

유도 이해가 되는 상황이었다. 그도 그런 비토를 의식한 것이다. 스스로 대통령감이 된다고 당당하게 말하기 어려웠을 수 있다. 하지만 문재인이란 '친구'의 존재를 통해 자신감을 얻었다고 말한다.

> 🎤 저는 대통령감이 됩니다. 나는 문재인을 친구로 두고 있습니다. 제일 좋은 친구를 둔 사람이, 제일 좋은 대통령 후보 아니겠습니까? 노무현의 친구 문재인이 아니라, 문재인의 친구 노무현으로 불러주십시오!

당시 문재인 대통령은 평생을 부산에서 민주화 운동을 하며 인권변호사로 활약하고 있었다. 노무현 대통령과는 변호사 개업 초기부터 '법무법인 부산'을 함께 운영한 직장 동료였다. 어쩌면 오래전 부산을 떠나 서울에서 중앙정치를 한 정치인 노무현보다 문재인 변호사에 대한 평가가 부산에선 더 후했을 수도 있다. 그 때문에 부산에서는 이 지역 인사들에게 명망이 높은 문재인 변호사를 앞세우는 것이 청중을 더 잘 설득할 수 있을 거라고 생각했을지도 모른다. 철저하게 부산이란 지역의 민심과 현장의 청중을 배려한 연설이었다.

하지만 이 연설은 훗날 문 대통령에게 막대한 정치적 자산이 된다. 그는 원래 정치권 사람이 아니다. 노무현과 부산 지역에서 인권 변호사를 함께 한 동료다. 참여정부 시절 청와대에 들어가서도 그는 민정수석이나 비서실장 등 보좌 업무를 맡았다. 당시 그의 역할은 정책의 의사결정권을 가지는 위치라고 보기 어렵다. 그가 청와대로 들어갈 때도, 사람들은 그저 노무현의 친구라서 함께하는 거라고 생각했다. 누구도 그를 미래의 지도자라거나 노무현 대통령의 정치적 후계자로 여기지 않았다.

하지만 노무현 대통령의 서거 이후, 이른바 '친노' 정치인 중에서 그의 지지 기반을 넘겨받을 마땅한 사람이 없었다. 한때 유시민 전 장관이 거론됐으나 그는 통합진보당을 창당하고, 이후 정의당으로 당적을 옮겼다. 이후 몇 차례의 좌절을 겪은 후 정치권을 떠났다. 민주당의 정치인 중에선 마땅한 후계자가 없는 상황이었다. 친노의 젊은 참모 그룹에서 '좌희정, 우광재'라고 불린 안희정과 이광재가 각각 충남도지사와 강원도지사가 되었으나 2012년 대선에 바로 출마하기엔 준비가 부족했다.

그런 상황 속에서 문재인은 '노무현의 친구' 프레임을 타고 후계자로 급부상한다. 노무현은 문재인을 '친구'라고 불렀다. 친구는 대등한 관계를 말한다. 노무현 대통령은 대선에서 당선된 후 정치권 경력이 없던 문재인을 청와대로 불렀다. 이것이 가능했던 이유는 바로 '친구' 프레임 때문이다. 문재인이 노무현의 친구가 아닌 '참모' 중 하나였다면? 아마도 그런 정치적 급부상은 불가능했을 것이다.

🎙️ 이분들은 성공한 사람입니다. 그러나 남 위에 군림하지 않았습니다. 남들에게 눈물 나는 일을 하지 않았습니다. 가난하고 힘없는 사람들을 오늘도 돕고 있습니다. 잘못된 것을 바로잡기 위해서 오늘도 수고하고 있습니다. 이웃을 위해서 함께 사랑을 나누고 함께 노력하는 우리들의 지도자입니다.

노무현 대통령은 문재인과 변호사 사무실을 함께 운영하면서 그의 인품을 지켜봤다. 노무현이 정치권으로 떠난 뒤에도 문재인은 노무현의 법률사무소를 묵묵히 지켜냈다. 직장이란 전쟁터에서 등을 맡길 수 있는 믿음직한 사람이었다. 그런 그였기에 일곱 살 연상의 노무현으로부터 '친구'라는 호칭을 들을 수 있었을 것이다.

"아내를 버리란 말입니까" 연설: 2002년 인천 국민경선

🎤 음모론, 색깔론, 그리고 근거 없는 모략 이제 중단해주십시오. 한나라당과 조선일보가 합창해서 입을 맞추어서 저를 헐뜯는 것을 방어하기도 참 힘이 듭니다.

2002년 국민경선 당시 노풍이 불 때다. 오랜 기간 여당 내 지지율 1위를 달리며 경선에서 무난히 승리할 걸로 예상했던 이인제 후보는 '노풍'의 직격탄을 맞았다. 눈앞에 보이던 대통령 자리가 날아갈 판이 되자 당연히 막판 반격도 치열했다. 이런 이인제 후보의 공세로 노무현 후보도 네거티브 공방을 피해 갈 수 없었다. 단초를 제공한 건 4월 초 국민경선 중 이인제 후보가 터트린 '노무현 언론 관련 발언'이었다.

이 후보의 폭로 내용은 다음과 같다. 노무현 후보가 2001년 8월 초 기자들과의 저녁자리에서 언론 문제에 대해 언급하는 가운데 "내가 집권하면 메이저 신문들을 국유화하고, 동아일보와 조선일보는 폐간시키겠다. 신문사주들의 퇴진도 요구하겠다"라고 말했다는 것이다. 평소 노무현을 경원하던 보수 일간지는 이 의원의 폭로가 나오기가 무섭게 연일 확대 재생산하기에 바빴다.

또 하나는 노무현 후보의 장인이 좌익 활동을 했다는 이력이 문제
가 됐다. 조선일보가 이 사실을 밝혀내 노무현을 '빨갱이 사위'라는 색
깔론 프레임을 씌워 공격했다. 김대중 대통령도 평생 '빨갱이'라는 프
레임에서 자유롭지 못했다. 한국 사회에서 빨갱이라는 주홍글씨는 빠
져나오기 어려운 공격이다. 그러나 노무현은 '빨갱이 공격'을 이 연설
을 통해 극복한다. 어떤 논리로 그가 그 굴레를 벗어났는지 살펴보자.

🎤 제 장인은 좌익 활동을 하다 돌아가셨습니다. 그러나 해방되는 해에 실명
을 하셔서 앞을 보지 못했기 때문에 무슨 일을 얼마나 했는지는 모르겠습니다.

장인의 좌익 활동을 인정한다. 그러나 앞을 보기 어려운 시각장애
인이라는 상황을 설명한다. 신체가 불편한 상황에서 좌익 활동을 해
봐야 얼마나 했을지 의문을 표현하면서, 청중도 그 상황을 이해할 수
있도록 설명했다.

🎤 제가 결혼하기 훨씬 전에 돌아가셨는데 저는 이 사실을 알고 제 아내와
결혼했습니다. 그리고 아이들 잘 키우고 지금까지 서로 사랑하면서 잘 살고
있습니다. 뭐가 잘못됐습니까? 이런 아내를 제가 버려야 합니까?

전국에 수많은 여성 유권자의 마음을 울린 클라이맥스다. 이미 결
혼할 때는 장인이 돌아가신 뒤다. 장인의 좌익 활동도 알았지만, 아
내와의 사랑을 선택했다. 그럼에도 자신의 정치 행보를 위해 사랑하
는 아내를 버려야 하느냐며 오히려 반문한다. 이 호소는 대중의 감정

선을 건드렸다. '그래, 그렇지. 아내를 버려서야 되나?' 특히 여성으로
서는 자연스럽게 공감이 되는 대목이다.

이 대목이 매우 감성적으로 느껴지지만, 당시 노 후보의 참모였던
윤태영 전 청와대 대변인의 말은 다르다. 이건 노무현 후보 특유의
상당히 논리적인 전개라는 것이다. 자신에게 손해가 되더라도 부당
한 논리를 받아들이지 않았던 변호사 노무현 특유의 반응이 자연스
럽게 연설에 녹아났다는 설명이다.

🎤 여러분이 그런 아내를 가지고 있는 사람은 대통령 자격 없다고 판단하
신다면 저는 대통령 후보 그만두겠습니다. 여러분이 (대통령) 하라고 하면
열심히 하겠습니다.

'이런 네거티브는 논리적으로 말이 안 된다. 경선장에서 여러분이
투표로 심판해달라'라는 메시지로 경선장에 있는 청중에게 판단의
공을 돌린다. 이는 인천 경선장에 모인 청중을 설득하기 위한 연설이
었다. 연설의 목적은 바로 '설득'이라고 했다. 연설의 목적을 상기시
키게 하는 대목이다. 이 연설은 노풍이 이어지는 계기가 됐다. 여성
유권자와 현장의 청중을 대상으로 큰 호감을 얻었을 뿐만 아니라 '장
인 좌익 공세'를 제압해버리는 연설이었다. 이후로 노무현에 대한 색
깔론은 힘을 잃었다. 노풍은 더욱 거세게 불타올랐다.

"독도는 우리땅" 연설: 2006년 대국민담화
노무현 대통령에게 연설은 '투쟁의 무기'였다. 그러나 대통령에 취

임하고 나서는 이런 투쟁적인 연설을 찾아보기 어렵다. 대통령이란 자리는 누구와 싸우는 자리가 아닌 국민 모두를 포용해야 하는 자리이기 때문이다. 그 때문에 취임 후의 공식 기념사 등에선 이른바 '노무현 스러운' 연설이 없었다.

그런데 2006년, 일본이 독도 영유권 문제를 일으켰다. 다케시마의 날 제정, 일본 우익의 역사 교과서 채택 등 독도 영유권을 둘러싼 일촉즉발의 상황이 벌어졌다. 한국 정부도 일본과 각을 세우고 대립했다. 이런 상황에서 노무현 대통령은 방송을 통해 '대국민담화'에 나선다. 일본 우익과의 싸움에서 또다시 '연설'이란 무기를 꺼내든 것이다.

유명한 이 연설은 노무현 대통령의 국제정치 감각과 치밀한 논리가 빛났던 연설이라고 할 수 있다. 우리 국민은 독도가 우리 땅인 것을 다 알고 있다. 그러나 이 연설을 자세히 들여다보면, 단순히 우리 국민을 대상으로 한 호소에 그치지 않는다. 자국민이 아닌 세계 여론을 대상으로 했다. 국제사회의 여론을 설득하기 위한 논리가 단연 빛났던 연설이라고 할 수 있다.

일반적인 제3국의 시민들은 한일 간의 독도권 영유권 갈등을 단순히 양국 간의 영토 분쟁이라고 생각할 수 있다. 심지어 일본은 독도가 일본 영토라는 근거를 만들기 위해 오랜 시간 치밀하게 준비했다. 제2차 세계대전 종전 직후 일본이 포기하기로 한 영토에서 독도가 빠진 부분 등 일본 측의 논거만 보면 설득될 수도 있는 상황이다. 외교 측면에서도 제3세계에 대한 공적개발원조ODA 등 국제사회에 미치는 일본의 영향력을 고려하면 일본에게 유리했다.

그래서 일본은 항상 독도 문제를 국제사법재판소로 끌고 가서 다루기를 원했다. 반면 한국은 '조용한 외교'라는 슬로건으로 독도 문제를 가급적 이슈화하지 않는 방법을 택해왔다. 실질적으로 독도를 점유하고 있는 입장에서는 독도 문제가 국제적 이슈가 되면 될수록 한국은 불리해지고, 일본은 유리해지기 때문이다. 하지만 일본이 연이어 독도에 관한 공세를 펼치자 언제까지 '조용한 외교'로만 대응할 수는 없게 되었다. 그렇다면 이런 불리한 국제사회에서 노 대통령은 어떤 말과 글로 이 상황을 타개하려고 했는지 함께 살펴보자. 연설은 이렇게 시작한다.

🎤 존경하는 국민여러분 독도는 우리 땅입니다. 그냥 우리 땅이 아니라 40년 통한의 역사가 뚜렷하게 새겨져 있는 역사의 땅입니다.

〈독도는 우리땅〉이라는 노래가 있다. 한국인들이 독도 문제를 생각할 때 가장 먼저 근거로 떠올리는 것이다. 신라장군 이사부의 활약이나 조선시대 안용복의 활동 등을 근거로 독도는 우리 땅이라고 주장하곤 한다. 하지만 우리 역사의 근거만으로 주장하는 게 세계인들에게도 설득력이 있을까? 노 대통령은 단순히 우리 역사 속에서만 있는 근거에 의존하지 않았다. 시선을 '러일전쟁'으로 옮겼다. 일본이 제국주의 침략을 시작하는 시기부터 이야기를 시작한다. 일본의 독도 영유권 주장을 일본의 제국주의 침략사와 연결하기 위해서다.

🎤 독도는 일본의 한반도 침탈 과정에서 가장 먼저 병탄되었던 우리 땅입

니다. 일본이 러일전쟁 중에 전쟁 수행을 목적으로 편입하고 점령했던 땅입니다. 러일전쟁은 제국주의 일본이 한국에 대한 지배권을 확보하기 위해 일으킨 한반도 침략전쟁입니다. 일본은 러일전쟁을 빌미로 우리 땅에 군대를 상륙시켜 한반도를 점령했습니다.

군대를 동원하여 왕궁을 포위하고 황실과 정부를 협박하여 한일의정서를 강제로 체결하고 토지와 한국민을 마음대로 징발하고 군사시설을 마음대로 설치했습니다.

독도 문제를 한일 간의 이슈에서 전 세계인의 역사적 맥락으로 시선을 옮기려는 시도다. 러일 전쟁 후에 이어진 중국의 난징 대학살, 미국의 진주만 공습 등 전범국가로서 일본의 역사를 세계시민들에게 상기키키기는 대목이다.

황실과 정부 협박 등 한국인에게 가장 큰 트라우마를 안긴 구한말의 상황도 직접 언급한다. 그렇지만 그 트라우마를 떠올리는 국가는 비단 한국만이 아니다. 필리핀, 대만, 중국 등 동북아 대부분 국가는 일본에 점령당한 역사가 있다. 결국 우리의 트라우마에 공감하는 전 세계에 역사적 메시지를 던진다.

🎙 우리 국토 일부에서 일방적으로 군정을 실시하고 나중에는 재정권과 외교권마저 박탈하여 우리의 주권을 유린했습니다. 일본은 이런 와중에 독도를 자국 영토로 편입하고망루와 전선을 가설하여 전쟁에 이용했던 것입니다. 그리고 한반도에 대한 군사적 점령상태를 계속하면서 국권을 박탈하고 식민지 지배권을 확보했습니다. 지금 일본이 독도에 대한 권리를 주장하는 것은 제국주의 침략전쟁에 의한 점령지의 권리, 나아가선 과거 식민지 영토

권을 주장하는 것입니다. 이것은 한국의 완전한 해방과 독립을 부정하는 행위입니다.

일본의 제국주의적 침략 전쟁의 수법을 고발하는 부분이다. 만약 구체적인 국제법적 조항을 놓고 영토권을 주장했다면 오히려 일본에게 논리로 밀릴 수도 있었다. 하지만 국제법적 논란을 떠나 독도 영유권을 주장하는 행위는 제국주의 침략전쟁을 정당화하는 논리이며 한국의 완전한 해방을 부정하는 행위라고 준엄하게 꾸짖는다. 평소 역사에 천착한 큰 정치인의 시각이 돋보이는 논리라고 하겠다.

🎙 또한 과거 일본이 저지른 침략전쟁과 학살 40년간에 걸친 수탈과 고문 투옥강제징용 심지어 위안부까지 동원했던 그 범죄의 역사에 대한 정당성을 주장하는 행위입니다. 우리는 결코 이것을 용납할 수 없습니다.

독도 문제는 이후 이명박 정권에도 화제가 됐다. 그런데 이 대통령은 독도를 직접 방문했다. 하지만 MB의 독도 방문은 오히려 자충수가 됐다. 국내에서는 반일감정에 기대 점수를 땄을지 모르나, 제3자의 시각에선 분쟁지역을 현직 대통령이 직접 방문함으로써 외교적 측면의 마이너스가 된 것이다.

노무현 대통령을 흔히 감정적인 인물이라고 보는 경향이 있다. 하지만 그는 매우 논리적인 파이터였다. 연설이란 무기를 활용할 때는 먼저 설득해야 할 청중이 누구인지부터 명확하게 설정했다. 그리고 그 청중을 설득하기 위한 논거에 따라 연설을 구성한다. 독도 영유권

분쟁만 바라보면 잘 보이지 못했던 러일전쟁이라는 역사적 맥락을 찾아낸 것이 그 증거다.

또한 '역사 마니아'인 노무현의 면모도 볼 수 있다. 그가 평소에도 역사에 항상 관심을 갖고 공부했기에 가능했던 연설이다. 《대통령의 글쓰기》의 저자인 강원국 전 연설비서관에 따르면, 이 연설은 노무현 대통령이 스스로 구상하고 앉은 자리에서 바로 구술했다고 전해진다. 그야말로 말과 글에서는 달인의 경지에 도달해 있었던 것으로 판단된다.

노무현 의원의 국회 대정부 질의: 1988년 국회

국회가 정부를 견제하는 장치 중 '대정부 질의'라는 게 있다. 7분 정도 국무총리나 장관 등을 불러놓고 국정 현안에 대해 일문일답 형식으로 따져 묻는 자리다. 이런 일문일답 방식은 김대중 대통령이 의원 시절에 도입했다고 한다. 그러나 1988년 초선의원이었던 노무현은 이 대정부 질의를 그렇게 활용하지 않았다. 대신 자신의 국회 등원을 국민에게 보고하려는 듯 일장 연설로 활용했다. 첫 머리가 이렇게 시작한다.

🎙 존경하는 의원 여러분! 그리고 국무위원 여러분! 부산 동구에서 처음으로 국회의원이 된 노무현입니다. 국무위원 여러분! 저는 별로 성실한 답변을 요구 안 합니다. 성실한 답변을 요구해도 비슷하니까요. 제가 생각하는 이상적인 사회는 더불어 사는 사람 모두가 먹는 것 입는 것 이런 걱정 좀 안하고 더럽고 아니꼬운 꼬라지 좀 안 보고 그래서 하루하루가 좀 신명나게

이어지는 그런 세상이라고 생각을 합니다. 만일 이런 세상이 좀 지나친 욕심이라면 적어도 살기가 힘이 들어서 아니면 분하고 서러워서 스스로 목숨을 끊는 그런 일은 좀 없는 세상 이런 것이라고 생각합니다. 옛날에는 생활고로 일가족이 집단 자살하는 일이 많이 있었습니다. 지금은 그런 일은 거의 없는 것 같은데 그런데도 스스로 목숨을 끊는 사람은 늘어만 갑니다. 제5공화국 이래 지금까지 스스로 목숨을 끊은 사람의 수는 얼마가 되는지 관계 장관 말씀해주시기 바랍니다.

도입부만 봐도 노무현답다. 국회의원이 되기 전에도 그는 변호사이자 민주화 운동가로서 대중이 모여 있는 거리 집회에 나가 많은 연설을 했다. 이런 대중 연설의 경험 때문인지 '아니꼬운 꼬라지', '신명 나게 이어지는 세상' 등 상당히 직설적이면서도 소탈한 서민적 언어를 사용한다. 관계 장관에게 5공화국 이래 자살한 사람의 수가 얼마나 됐는지 말해달라고 질의했지만, 맥락상 정확한 수치를 답변해달라는 의도는 아니다. 질의 형식을 빌렸을 뿐 사실상 연설의 일부다.

🎙️ 제5공화국 이래 지금까지 노동자가 기업주의 비인간적 대우에 항거하거나 기업 또는 공권력의 탄압에 항거해서 목숨을 끊은 사람은 모두 몇 명이나 됩니까? 정권의 도덕성을 규탄하거나 광주학살의 진상규명을 요구하며 또는 민족의 자주와 통일을 부르짖으며 스스로의 목숨을 끊은 청년 학생들은 모두 몇 명이나 됩니까? 같은 기간 농촌에서 소값 피해를 보상하라고 주장하며 자살한 농민은 몇 명이나 됩니까? 산동네 달동네에서 철거에 항거하다가 무너지는 집 더미에 깔려 죽거나 자살한 사람은 몇 명이나 됩니까? 경쟁에서 뒤떨어지거나 경쟁의 부담이 과중해서 자살한 학생의 수는 얼마

나 됩니까? 이 같은 가슴 아픈 일이 계속되는 동안 정부는 같은 일이 재발되지 않도록 하기 위해서 그 어떤 노력을 해왔습니까? 만약에 하였다면 그 내용은 어떤 것이었는지 이것은 좀 구체적으로 설명해주시기 바랍니다. 청년 학생들이 죽어가는 것은 감옥에 가서 참회해야 될 사람들이 권력을 잡고 온갖 도둑질을 다해 먹으면서 바른 말하는 사람 데려다가 고문하고 죽이는 바람에 생긴 일이니까 그 사람들이 임명한 국무총리나 국무위원에게 무슨 대책이 있으리라고는 믿지를 않습니다. 물으면 제가 그렇지요.

당시는 전두환 정권의 5공화국이 끝나고 직선제 개헌을 거쳐 노태우 정권이 들어섰다. 6공화국으로 이름만 바뀌었을 뿐이다. 군부세력이 여전히 정권을 이어가는 상황이다. 그 속에서 노무현 의원이 보는 당시 사회를 대정부 질의의 형식을 빌려 연설한 것이다. 가장 힘들고 억울한 사람들을 위한 정치를 하겠다는 초선 국회의원 노무현의 각오와 의지를 엿볼 수 있었던 연설로 평가된다.

물론 이 연설로 노무현 의원이 당대에 큰 주목을 받은 것은 아니다. 초선의원 노무현이 크게 인기를 끌게 된 건, 이른바 '5공 청문회' 때다. 전 국민이 보는 TV 생중계에서 그는 장세동 전 안기부장, 전두환 전 대통령, 정주영 현대그룹 명예회장 등 기라성 같은 이들이 증인으로 섰을 때, 논리적이고 예리한 질의를 던졌다. 무시무시한 권력자들 앞에서도 기죽지 않고, 또박또박 질의하는 모습으로 대중에게 깊은 인상을 남겼다. '청문회 스타'라는 말이 처음 등장한 것도 이 당시다. 역시 노무현 의원을 뜨게 한 것도 '말'의 힘이었다.

노무현의 전시작전통제권 연설

"부끄러운 줄 알아야지!"

2006년 12월 21일 노무현 대통령은 민주평화통일자문회의 제50차 상임위원회에 참석한다. 당시는 한국군의 전시작전통제권을 미군에게서 넘겨받는 것이 뜨거운 이슈였다. 노 대통령이 추진한 전작권 환수 정책에 대해 '성우회' 등의 군 출신 인사들이 반대 활동을 벌이는 등 보수 세력의 큰 반발을 불러온 것이다. 이 연설은 당시에도 언론에 대서특필될 만큼 유명했고 지금도 전작권 회수 논란이 등장할 때마다 회자되는 연설이다. 하지만 원래 대통령 연설로 준비된 원고에는 없었던 내용인 것으로 보인다. 대통령이 공식 석상에서 즉흥 연설을 한 것이다. 가장 유명한 부분을 함께 보자.

🎙 대한민국 군대들 지금까지 뭐했노? 이거야 나도 군대 갔다 왔고 예비군 훈련까지 다 받았는데 심심하면 사람한데 세금 내라 하고 불러다가 뺑뺑이 돌리고 훈련하고 다 했는데 그 위에 사람들은 뭐했어, 작전통제권, 자기들 나라 자기 군대 작전통제권 한 개 제대로 할 수 없는 군대를 만들어놓고 나 국방장관이오, 나 참모총장이오 그렇게 별들 달고 거들먹거리고 말았단 말입니까. 자기들의 직무 유기 아닙니까? 부끄러운 줄 알아야지.

척 봐도 미리 준비된 원고는 아닐 것으로 짐작된다. 어떤 연설비서관이 대통령에게 이런 내용을 읽으라고 줄 수 있었을까? 이는 대통령의 마음속에 깊이 쌓여 있던 불만이 연설 과정에서 즉석으로 분출된 것으로 보인다.

당시 전작권 회수에 반대한 '성우회'는 장성급 예비역들의 모임이다. 아직 한국 군대의 전력이 북한에 맞서기에는 부족하며, 한미동맹에 지장이 생길 수 있다는 이유로 전작권 회수를 반대했다. 이에 대해 노 대통령은 우리가 북한의 위협에 제대로 대응하지 못하고 그저 미국에 의존해야만 하는 현실을 만든 원인이 바로 전직 국방장관이나 참모총장 등 그 장성들에게 있다며 현실을 꼬집어준 것이다. 동시에 책임이 있는 사람들이 전작권 환수를 반대하고 있다며 무책임한 태도를 적극적으로 반박했다.

이 연설의 "그렇게 별들 달고 거들먹거리고 말았단 말입니까"라는 대목에서는 직접 예비역 장군들이 주머니에 손을 넣고 거들먹거리는 제스처를 따라 하며 성우회를 직접적으로 비판하기도 했다. 그러나 일부 언론은 이 부분의 사진을 대서특필하며 국민 앞에서 주머니에 손을 넣고 연설했다고 태도를 지적했다. 이는 연설 맥락을 고려하지 못한 비난이다.

"자기들의 직무 유기 아닙니까, 부끄러운 줄 알아야지."

🎙 이렇게 수치스러운 일들을 하고 작통권 돌려받으면 우리 한국군들 잘해요 경제도 잘하고 문화도 잘하고 영화도 잘하고 한국 사람들이 외국 나가 보니까 못 하는 게 없는데 전화기도 잘 만들고 차도 잘 만들고 배도 잘 만들고 못 하는 게 없는데 왜 작전통제권만 왜 못 한다는 얘깁니까?

국민의 속을 시원하게 한 노무현 대통령의 명언이다. 정제된 언어는 아니지만, 국민의 마음과 정서를 시원하게 대변했다. 특히 국방의

의무로 징병된 병사 출신들 입장에서는 더욱 통쾌한 대목이다.

앞에서는 다소 흥분한 어조였다. 그러나 이 부분에서는 어조가 다소 부드러워진다. 연설의 완급 조절을 보여준 대목이다.

"우리가 못 하는 게 없다, 그런데 왜 군사전략만 못 한다고 하나."

이 연설에서 노무현 대통령은 국민을 대신해 억눌렸던 감정을 표출했다. 일반 병사로 군대를 다녀온 대부분의 국민이 느끼는 간부급 직업군인에 대한 속 터지는 감정을 제대로 건드려 준 연설이다. 이 연설은 여전히 유투브 등에서 높은 조회 수를 기록하고 있다.

노무현의 대선출마 연설: 일명 '조선건국 600년' 연설

내가 이 연설을 처음 들은 것은 노무현 대통령의 서거 후 촛불집회에 갔을 때였다. 일반 시민의 추모 열기를 취재하기 위해 현장에서 대기하고 있었다. 그런데 그 촛불집회에서 노무현 대통령의 추모곡이 들렸다. 대형 스크린 위로 흘러가는 추모 영상을 보며, 노무현 대통령과 맺었던 개인적인 인연들도 떠올랐다. 그런데 추모곡의 간주 부분에 노무현 대통령의 생전 연설이 삽입되어 흘러나왔다.

"조선건국 이래로 600년 동안 우리는!"

그의 육성이 들렸다. 추모 현장에 있던 시민들도 그 전율을 함께 느꼈을 것이다. 일명 '조선 건국 600년'이라고 불리는 이 연설은 지금도 회자되고 있다. 그의 가장 인기 있고 널리 알려진 명연설이다.

사실 이 연설은 공식적인 대선 출정식의 행사를 위해 준비한 선언은 아니었다. 요즘은 대선주자들이 각자 상징적인 장소에서 대선 출마 선언식을 한다. 국회의사당이나 독립문 앞, 광화문광장 등의 공간에서 얼마나 유권자의 인상에 남고, 멋지게 하느냐가 또 하나의 대선 경쟁 포인트가 됐다. 그러나 2002년 대선 때는 아직 이런 문화가 없었다. 이 현장도 공식적인 대선 출마 선언식을 위한 자리가 아니었다.《노무현이 만난 링컨》(학고재, 2001)이라는 책을 출판하는 기념회 현장이었다.

책의 저자로서 기념사를 하게 된 노무현 후보는 자신이 존경하는 롤 모델로 링컨을 내세운 이유를 설명했다. 지금껏 한국 정치인들은 대부분 백범 김구 선생을 롤 모델로 꼽았다. 하지만 그의 생각은 달랐다. 백범은 애국자이고 독립운동에 헌신했지만 현실정치에선 실패했다. 왜 우리는 실패해야 존경받을 수 있는 걸까? 성공한 롤 모델을 찾고 싶었다.

그래서 링컨을 선택했다. 가난한 서민 출신의 변호사로서 대통령에 당선된 인물, 흑인 노예를 해방하고, 남북전쟁을 승리로 이끈 대통령, 그러면서도 마지막까지 전쟁에 패배한 남부를 포용하기 위해 노력한 관용의 지도자. 대의를 추구하며 현실정치에서도 성공한 인물이다. 노무현이 존경하는 롤 모델로 링컨을 내세운 이유다.

노무현 후보는 국민의 정부 해양수산부 장관으로서 대선후보군에 거론될 때다. 연설 영상을 보면 그는 원고도 없이 막힘없이 술술 이야기를 풀어간다. 그 때문에 마치 즉흥연설처럼 보이기도 한다. 하지만 참모였던 윤태영 전 청와대 대변인은 이 연설의 내용이 노무현 후보가 평소 해왔던 강연에서 비롯된 전개였다고 말한다.

당시 새천년민주당은 경기도에 위치한 청년 당원 연수원에서 각 지역의 청년 당원들을 대상으로 정치아카데미를 운영했다. 노무현은 거의 매주 주말마다 연수원을 방문해 강연을 했고, 현장에서 가장 인기 있던 연사로 꼽혔다. 조선 건국 600년과 관련된 이야기도 이 당원 교육 아카데미에서 했던 단골 주제였다고 한다. 그만큼 참여정부의 국정철학이 잘 녹아 있던 연설이다. 함께 읽으면서 왜 지금까지 회자되고 있는지 살펴보자.

> 🎤 어느 때인가 제가 대통령이 되겠다고 말을 하기 시작했습니다. 많은 분들이 제가 무엇을 했느냐고 묻지 않고 무엇을 하겠느냐 비전을 내놓으라고 했습니다.

대선 출마 선언을 직접적으로 언급한다. 당시 그의 주요 경쟁 상대는 이인제 의원이다. 이인제 의원은 노무현 의원과 함께 1988년 김영삼 총재의 공천으로 정치권에 입문했다. 하지만 이인제 의원은 1990년에 김영삼의 3당 합당을 따라가면서 노무현과는 길이 엇갈렸다. 이후 김영삼 정부에서 노동부장관을 하고 경기도지사를 지내는 등 승승장구했다. 1997년 대선 때는 한나라당의 경선 결과에 불복하고 독자 출마하기까지 했다. 이때는 우여곡절 끝에 새천년민주당에 입당해 여당의 대선후보로 거론되는 상황이었다. 이런 이인제 의원의 과거 행적을 돌이켜봤을 때, 노무현 후보는 그의 진정성과 정치 행보에 비판적인 태도를 취하고 있었다. 그 때문에 대통령을 하겠다는 사람이 과거 '무엇을 했는지'를 묻기보다 '무엇을 하겠느냐'를 묻는 세태에 은연중 섭섭함을 토로한 것이다. 비전만 좋으면 과거는 따지지 않겠다는 것인가?

🎙 비전을 생각해봤습니다. 제 마음을 가장 끄는 비전은 전두환 대통령이 5공 때 내놨던 정의로운 사회였습니다. 노태우 대통령이 내놨던 보통사람의 시대도 상당히 매력 있는 비전이었습니다. 신한국, 세계화, 정보화 개혁!! 문민정부의 비전도 참 좋았습니다. 저는 국민의 정부 비전은 달달 욉니다. '민주주의, 시장 경제, 생산적 복지, 남북 화해, 노사 협력, 지식 기반 사회' 저도 그렇게 말하면 됩니다.

노무현은 '정의'라는 가치를 좋아했다. 그래서 문구만 놓고 보면 전두환 정권이 내세운 비전이 마음에 들었다. 당시 전두환 대통령의 사진은 '정의사회 구현'이란 문구와 함께 관공서와 경찰서마다 걸려 있었다. 1981년 전두환의 신군부 세력이 창당한 당의 이름도 '민주정의당'이었다. 그렇게 '정의'는 야당이 쓸 수 없는 단어가 되어버렸다.

노태우 대통령이 후보 시절 내세웠던 '보통사람의 시대'란 슬로건도 마찬가지다. 서민적인 이미지를 내세운 노무현 후보에게도 '보통사람'이라는 단어는 매력적인 단어였다. 그러나 역시 노태우 정권이 이미 사용했다. 물론 '정의'나 '보통사람' 등의 비전은 군사 정권과 어울리지 않는 것이다. 그러나 이미 선점됐다.

김영삼 정부의 비전인 '신한국 창조', 김대중 정부의 비전인 '민주주의와 시장경제의 병행발전' 등도 비전은 좋았다. 하지만 정권이 끝날 때쯤 국민의 평가는 모두 신통치 않았다. 그가 이렇게 역대 정권의 국정목표와 비전을 거론한 이유는 무엇일까?

🎙 저도 그렇게 말할 수 있습니다. 저도 할 수 있습니다. 그러나 이렇게 말

할 때 제 가슴은 공허합니다. 그 말을 누가 못 하냐. 누가 무슨 말을 하느냐가 중요한 것이 아니라 누가 할 수 있느냐가 중요한 거 아니겠습니까?

차분하게 시작해서 조금씩 커지던 목소리는 '저도 그렇게 말할 수 있습니다. 저도 할 수 있습니다.' '그러나'까지 말한 후 갑자기 확 작아진다. 분위기를 한껏 끌어올리다가 떨어뜨리는 반전을 통해 중요한 것은 '공허한 비전이 아니라 실천'이란 메시지를 강조한 것이다. 즉, 비전을 실천할 수 있는 인물을 검증하는 것이 필요하다고 제시한다. 그 검증의 기준은 과거의 행보가 될 것이다.

🎙 오늘 아침에 저는 유종근 전북지사가 지으신 《유종근의 신국가론》이란 책을 읽었습니다. 신뢰, 협동이라는 이 사회적 자본을 한국이 제대로 구축하느냐 못 하느냐에 한국의 미래가 달려 있다. 앞으로의 사회 생산성은 생산요소의 투입에 있는 것이 아니라, 기술 혁신에 있는 것이 아니라 그 토대가 되는 사회적 신뢰를 어떻게 구축해나가느냐 여기에 달려 있답니다. 신뢰, 협동이라는 이 사회적 자본을 한국이 제대로 구축하느냐 못 하느냐에 한국의 미래가 달려 있다. 앞으로의 사회 생산성은 이렇게 써놓았습니다. 제가 정말 하고 싶었던 얘기가 실려 있어서 정말 반가웠습니다. 문제는 그 사회적 신뢰를 우리가 어떻게 만들어낼 것인가?

《유종근의 신국가론》(한국선진화연구회, 2001)의 저자 유종근 전북지사는 새천년민주당 대선후보 경선에 참여한 노무현의 경쟁 상대였다. 그는 혁신적인 행정을 하는 관료 출신의 젊은 도지사로 주목받았다. 그 역시 자신의 저서인 《유종근의 신국가론》 출판기념회를 겸

한 대선경선 출정식을 개최했다. 노무현은 자신의 출판기념회에서 경쟁 상대의 책을 읽고, 자신의 정책 방향을 말하는 자신감을 내보였다.

이 책의 핵심은 '사회적 신뢰'다. 한국 사회는 그동안 경제성장을 위해 달려오면서 생선상과 기술혁신에만 집중했다. '신뢰'라는 사회적 자본에 무심했다는 현실을 지적한다. 부족한 신뢰로 우리는 보이지 않는 많은 거래비용을 지불하고 있었기 때문이다. 어느 때부터인가 한국은 특정 직업이란 것으로 신뢰를 담보할 수 없는 사회가 됐다. 의사, 교사, 목사, 교수 등 과거 존경받던 직업들이 하나둘씩 대중의 신뢰를 잃어갔다. '성직자' 하면 '세습', '대학교수' 하면 '제자 성추행'이 연관 검색어로 떠오른다. 직업윤리가 땅에 떨어지면서 사회적 신뢰도 무너졌다. 신뢰가 있다면 쉽게 해결할 수 있는 문제도 상호불신으로 인해 더 많은 사회적 비용을 치러야 하는 경우가 많아졌다. 그리고 그 핵심은 정부에 대한 신뢰다.

국민이 국민을 신뢰해야 변화와 도약이 가능하다. 정의로운 사회도 만들 수 있다. 그런데 어떻게 해야 정부와 정치에 대한 무너진 신뢰를 회복할 수 있을까? 그의 고민은 이 지점에 닿아 있다. 여기서 그 유명한 '조선 건국 600년'의 서사가 등장한다.

🎙 조선 건국 이래로 6백 년 동안 우리는 권력에 맞서서 권력을 단 한 번도 바꾸어보지 못했고, 비록 그것이 정의라 할지라도 비록 그것이 진리라 할지라도 권력이 싫어하는 말을 했던 사람은 또는 진리를 내세워서 권력에 저항했던 사람들은 전부 죽임을 당했다.

노무현은 왜 '조선 건국'을 사례로 들었을까. 조선은 우리 역사에서 기존의 체제를 성공적으로 뒤집은 거의 유일한 성공 사례다. 당시 노무현은 고려 말의 개혁가 삼봉 정도전에게 빠져 있었다고 한다. 건국 후 조선은 고려의 권문세족을 비롯한 적폐 세력을 몰아내고 '계민수전'과 과전법 등을 통해 가난한 소작농에게 땅을 나눠주고 자영농을 보호했다.

정도전은 조선시대의 서민들이 살아갈 수 있는 물적 토대를 마련한 정치혁명가였다. 그러나 정도전 이후 우리 역사에선 이와 같은 근본적인 국가 혁신과 시스템의 변화를 스스로 만들어내지 못했다.

한편 '비록 ~ 할지라도'라는 구절이 반복되면서 연설의 어조도 고조된다. 고조된 어조를 통해 변화의 길을 찾지 못한 한국 사회의 현실을 안타까워하는 그의 탄식을 느낄 수 있다.

🎙 권력이 싫어하는 말을 했던 사람은, 또는 진리를 내세워서 권력에 저항했던 사람들은 전부 죽임을 당했다. 그 자손들까지도 멸문지화를 당했다. 패가망신했다. 6백 년 동안 한국에서 부귀영화를 누리고자 하는 사람은 모두 권력에 줄을 서서 손바닥을 비비고 머리를 조아려야 했다. 그저 밥이나 먹고 살고 싶으면, 세상에서 어떤 부정이 저질러져도 어떤 불의가 눈앞에서 벌어지고 있어도, 강자가 약자를 부당하게 짓밟고 있어도, 모른 체하고, 고개 숙이고 외면했어요. 눈 감고, 귀를 막고 비굴한 삶을 사는 사람만이 목숨을 부지하면서 밥이라도 먹고살 수 있었던 우리 600년 역사.

조선왕조 이래로 권력에 저항했던 자들의 처참한 역사를 언급한다. 사육신과 조광조, 홍경래의 난이나 동학혁명, 최근의 4.3과 5.18 등을 연상케 한다. 보수 진영에서는 우리나라의 역사를 너무 비하하는 것이 아니냐는 반론이 있을 수 있지만, 권력에 저항했던 개혁 시도가 번번이 실패로 돌아간 것도 사실이다.

조선왕조 시절, 정권 교체의 시도가 성공한 사례는 계유정난이다. 그러나 이는 정통성 있는 어린 왕을 끌어내고 숙부인 수양대군이 집권한 사례다. 결국 단종을 죽이고, 세조가 왕권을 장악했다. 누가 봐도 불의한 정권의 등장이었다. 하지만 그 후 세조의 핏줄을 이어받은 왕들이 계속 이어졌다.

구한말 조선이 멸망한 후에도 개혁 시도는 좌절됐다. 외세 타도에 성공하지 못한 동학농민운동을 비롯해 해방과 친일파의 집권, 이승만, 박정희, 전두환으로 이어지는 독재정권을 막지 못한 역사가 반복됐다. 이런 역사적 교훈은 결국 부모가 자녀에게 비겁한 생존방식을 가르치는 지경에 이르렀다.

🎙 제 어머니가 제게 남겨주었던 제 가훈은 '야 이놈아 모난 돌이 정 맞는다, 계란으로 바위 치기다, 바람 부는 대로 물결치는 대로 눈치 보며 살아라.' 80년대 시위하다가 감옥 간 우리의 정의롭고 혈기 넘치는 젊은 아이들에게 그 어머니들이 간곡히 간곡히 타일렀던 그들의 가훈 역시 '야 이놈아 계란으로 바위 치기다 고만둬라, 너는 뒤로 빠져라. 이 비겁한 교훈을 가르쳤던 우리 600년의 역사. 이 역사를 청산해야 합니다.

'계란으로 바위 치기다, 눈치 보며 살아라.' 노무현 대통령의 자서전 《운명이다》(돌베개, 2010)에도 나오는 가훈이다. 사실 한국 사회에서는 어릴 때 다들 한 번씩 부모님에게 들어봤을 법한 이야기다. '시위할 때는 가급적 되도록 뒷줄에 서라.' 대학시절 나는 대단한 운동권이 아니었음에도 어머니께 이런 이야기를 들었다. 이는 단순히 어떤 가족에게만 국한된 이야기가 아니다. '앞에 나서지 말고 너는 뒤로 빠져라'는 한국의 기성세대가 민주화 시위에 나선 정의로운 청년들에게 가르쳐준 비겁한 교훈이다. 600년간의 역사적 체험을 통해 '집단지성'이 축적된 결과다. 이런 집단지성이 지배하는 사회에서 과연 우리 국민이 무엇을 믿고, 정의로운 행동을 하며 신뢰를 쌓을 수 있을까? 비겁한 생존방식을 경쟁하는 사회다. 노무현은 이 지점에서 '비겁한 과거의 청산'을 주장한다. 청산의 방법은 불의에 맞설 때, 승리할 수 있다는 경험을 청년에게 심어주는 것이다. 그래야 청년들에게 정의롭게 살라고 말할 수 있지 않겠느냐며 대중을 설득한다. 그 모델로 적합한 인물이 바로 '링컨'이다.

🎙 (중략) 그동안 제가 여러 차례 대통령 후보 경선에 나서겠다고 선언을 했더랬는데, 아직 공식이 아니라고 보는 거 같습니다. 그래서 제가 오늘 공식 선언하냐고 자꾸 묻길래 공식이 어딨냐고 물었더니 공식이라고 해야 신문에 써준대요. (웃음) 그래서 제 오늘 이 얘기를 대통령 후보 경선에 나서는 공식 선언으로 받아들여 주시기 바랍니다.

결국 스스로 이 연설을 '대선 경선에 나서는 공식선언'이라고 언급함으로써 이 연설은 노무현의 '대선 출마 연설'로 불리게 되었다. 그만큼 그가 꿈꾸었던 정의로운 대한민국, 사회적 신뢰를 회복한 국가의 비전을 잘 담은 연설로 평가된다.

노무현 명연설의 특징

❶ 청중과 직접 소통을 중시

노무현은 항상 현장에 있는 청중을 최우선으로 고려했다. 연설문 자체에도 청중을 배려한 유머나 구성이 포함됐다. 부산에서 신망이 높은 문재인 변호사를 칭찬한 연설이나, 세계 여론을 염두에 둔 독도 영유권 연설, 전시작전통제권 전환을 주장한 민주평통자문회의 연설 등이 그 사례다. 민주화운동 과정의 거리 시위에서 단련된 대중연설의 특징이다.

❷ 깊은 사색과 독서로 인한 풍부한 논거

그의 연설은 소탈한 구어체로 이루어져 있지만, 절대로 깊이가 얕은 연설이 아니라는 것을 알 수 있다. 항상 깊은 사색과 탄탄한 독서를 기반으로 풍부한 논거를 제시한다. 특히 '역사'를 기반으로 제시하는 논거는 노무현 연설의 특징이다. 김대중과 노무현 대통령 모두 독서광으로 유명하다.

김대중 대통령은 청와대에 들어갈 때, 약 1만여 권의 책을 가져갔다. 이 책들이 쌓여 현재 '김대중 도서관'이 되었다. 노무현 대통령 역시 다독가다. 참모에게 독서를 권유하고, 시민에게 편지 형식으로 자신이 읽는 책을 추천하기도 했다. 그는 독서를 적극적으로 국정에 활용한 인물이다.

대선 출마 연설에서 인용한 《신국부론》을 예로 들 수 있다. 그는 책을 항상 가까이하며, 아이디어를 얻었다. 다만 깊은 사색에도 소탈한 구어체 화법을 쓰다 보니 그의 이런 면모가 가려진 측면이 없지 않다. 실제로 오연호 저자의 《노무현, 마지막 인터뷰》(오마이뉴스, 2009)를 보면, 말년의 그는 정치 사상가에 가까운 수준으로 깊은 내공을 보였다. 대통령 임기 동안 민주주의의 본질에 대해 학자 수준으로 연구를 했다고 느낄 만큼이었다.

집권 5년 동안, 그는 정책 현안을 건드리고, 모든 지적 네트워크를 활용해 민주주의를 습득했다. 2007년 퇴임 시점에서는 진보 진영 중에서 가장 탁월한 지식인의 면모를 보였다. 그의 고민과 사색은 《진보의 미래》(동녘, 2009)라는 미완의 책으로 남겨졌다.

❸ 반복과 비유를 활용한 문학적 말하기

반복과 비유를 써가며 문학적인 연설을 했다. 미리 써놓은 연설문에 의지하지 않았지만, 자연스럽게 라임을 살리는 능력이 탁월하다. 이는 그의 타고난 언어감각 덕분이기도 하겠지만, 평소 대중연설을 많이 하면서 훈련된 능력이다.

❹ 자신의 말을 지키기 위한 삶

노무현 대통령은 비극적인 결단으로 생을 마감했다. 사실 역대 전직 대통령과 비교를 하면, 그에게 제기된 의혹은 그리 큰 금액도 아니었다. 또한 마지막까지 법정에서 진실을 다투었다면 아마 무죄가 나왔을 것이다. 하지만 그 과정은 몇 년이 걸렸을 것이고, 그사이 그가 평생 동안 쌓아온 국민의 신뢰는 완전히 무너졌을 것이다. 결국 그가 선택한 마지막 결단은 끝까지 자신의 말을 지키기 위한 방법이었다. 이렇게 연설의 완성은 자신이 한 말을 실천하면서 살아가는 삶 자체라고 할 수 있다. 그는 갔지만, 그의 연설이 여전히 사람들의 마음속에 기억되는 이유다.

에필로그

나만의 연설문을
써라

이제 마지막으로 내가 한 연설 경험을 이야기해보려고 한다. 나는 20대에는 정치학을 공부하고 가르치는 정치학도로 살았고, 30대에는 사건사고와 정치 현장을 누비는 언론인으로 살았다. 학부와 대학원생 시절에 김대중, 노무현 대통령 후보의 선거운동을 해보기는 했지만 내가 직접 연설을 할 기회는 많지 않았다. 그러다 보니 대중 앞에서 연설을 한다는 것은 나에게도 어색하고 두려운 일이었다.

그랬던 내게 연설을 할 기회가 찾아왔다. 2012년 총선을 앞둔 한 출판기념회 자리였다. 그해 총선 출마를 준비하고 있던 한 정치신인이 자신의 책을 출간하는 자리에 독서모임에서 만난 나를 청년 대표 축사자로 초대한 것이다. 《2013년 이후: 희망 코리아로 가는 길》이란 제목의 그의 책은 대한민국의 문제점을 진단하고 청년과 미래세대를 위한 대안적인 정책을 담고 있었다. 그의 주장은 비정규직과 정규직의 격차를 줄이고, '비정규직 없는 세상'이 아닌 '비정규직이어도 살 만한 세상'을 만들자는 것이었다. 또한 교육과 경제, 정치 등 사회

곳곳에서 끊어진 '희망의 사다리'를 다시 놓아야 한다는 것이었다. 대개의 정치신인이 선거용으로 출간하는 자서전 성격의 급조된 책과는 차원이 달랐다.

나는 책의 내용에 대부분 공감했다. 하지만 800쪽에 달하는 방대한 분량과 마르크스의 《자본론》을 연상시키는 높은 난이도가 문제였다. 청년을 위한 정책 대안을 담은 책을 표방하면서도 일반 청년이 읽기에는 너무 어렵게 쓰였다는 게 함정이었다. 이 책을 청중에게 어떻게 효과적으로 소개할 것인가의 문제로 한참을 고심했다.

더구나 무명인 나에게는 축사의 순서도 문제였다. 다른 축사자로는 송영길 당시 인천시장과 김병준 전 교육부총리, 성한용 한겨레 정치부 선임기자 등이 올라왔다. 나는 맨 마지막 순서였다. 행사는 저녁 7시부터 쉬는 시간 없이 두 시간 동안 이어졌다. 저녁 식사 시간과 겹친 데다 행사 시간도 길다 보니 청중들이 맨 마지막 축사까지 그대로 있기를 기대하기는 어려웠다. 아니나 다를까 마지막 축사인 내 차례가 돌아올 즈음엔 200여 명의 청중 중 절반 정도만 자리를 지키고 있었다. 그런데 문제는 그게 끝이 아니었다.

행사가 막바지에 이르러 바로 내 앞 순서의 축사자가 무대에 오를 때였다. 사회자가 갑자기 "여러분, 많이 힘드시죠? 이번이 마지막 순서이니 조금만 참아주세요"라고 말하는 것이 아닌가. 나는 순간 당황했지만 이내 평정심을 찾았다. 아마 무명의 축사자인 나를 사회자가 깜박했던 것이리라. 나는 그 문제를 어떻게 해결해야 할지 잠시 생각하다 저자에게 메모를 전달했다. "방금 전 사회자가 마지막이라고 말씀하셨는데, 전 (축사) 안 해도 괜찮습니다." 안 해도 괜찮다고 했지만, 사실 내가 남아 있다는 걸 잊지 말라는 무언의 압박이었다.

나의 메모를 본 저자는 그제야 깨달은 듯 급히 사회자에게 다시 메모를 전달했고, 그날 나는 어렵사리 축사를 할 기회를 얻을 수 있었다. 사회자가 정정 멘트를 하고 내가 무대에 올라가자 이미 긴 행사로 치진 청중들은 짜증스러운 기색이 역력했다. '배고파 죽겠는데, 누군지도 모르는 무명의 청년이 하는 축사까지 들어야 하나?' 하는 청중의 불평이 내 귓가를 때리는 듯했다. 하지만 꿋꿋하게 준비한 연설문을 꺼내 들고 나의 이야기를 시작했다. 연설의 제목은 "우리 결혼하게 해주세요"였다.

🎤 안녕하십니까? MBN 윤범기라고 합니다. 사실 대단한 경력도 없고 더구나 종편이 진보 진영의 공적처럼 돼 있는 요즘, 저에게 ○○○ 소장님께서 축사를 부탁하셔서 저도 많이 놀랐습니다. 괜히 누가 되는 것은 아닐지 걱정도 됐고요. 하지만 제가 하는 20, 30대 청년들의 독서모임에 ○○○ 소장님이 강연료 한 푼 못 드렸는데도 두 번이나 나와주셔서 저도 그에 작은 보은이라도 해야겠다는 생각에 감히 이 자리에 서게 됐습니다.

사실 먹고살 만한 방송 기자가 이 책을 읽고 얼마나 공감을 하고 대단한 감동을 받았길래 축사까지 하겠다고 나섰느냐고 물으실지도 모르겠습니다. 사실 전 '문제는 일자리와 공평'이고 정규직과 비정규직의 불합리한 격차 해결이 진보의 핵심 과제가 돼야 한다는 소장님의 문제의식에 크게 공감했습니다. 굳이 말하자면 비록 저는 정규직 노동자지만, 저희 쌍둥이 형은 그렇지 않기 때문입니다.

저희 형 이야기를 한번 해볼까요? 저희 형은 대학도 아니고 고등학교 연합고사를 떨어졌습니다. 소장님이 말씀하시는 '교육시험 사다리'에서 일찌감치 미끄러진 거죠. 참고로 쌍둥이인 저는 서울대를 나왔습니다. 대학원 공부까지 했고요. 저희 형이 어떤 인생을 살았을지는 대략 짐작이 가시나요? 중졸이 최종학력이 될 뻔했던 저희 형은 검정고시로 고등학교를 패스하고 전문대에 갔습니다. 연합고사도 떨어진 사람이 어떻게 검정고시는 패스했냐? 앞자리에 외고 자퇴생이 앉았답니다. 어쨌든 전문대를 겨우 졸업했어도 원래 공부를 잘하지 못했던 형은 전공을 살리지도 못하고 바로 비정규직 노동시장으로 편입됐습니다. 제가 아는 한 편의점 아르바이트에서 짜장면 배달부, 주유소 총잡이까지 저희 형이 안 해본 직종이 없을 겁니다.

지금 저희 형은 우체국에서 야간에 우편물을 분류하는 아르바이트를 하고 있습니다. 2년 이상 근무해서 무기계약직이란 걸로 바뀌었다고 하는데, 함부로 잘리지 않을 뿐이지 월급은 120만 원이랍니다. 저희 형 나이가 저랑 동갑이니까 올해 서른여섯 살입니다. 저희 형 결혼할 수 있을까요? 세 살 위인 큰형도 마찬가집니다. 지방대학 공대를 나온 형은 게임유통 협력업체에 계약직으로 들어갔다가 월 60만 원씩 주는 극심한 노동착취를 견디지 못하고 나와서 5년이 넘게 변리사 시험공부만 했습니다. 올해 서른아홉 살이 됐는데 결혼을 못 하기는 마찬가집니다.

저희 어머니는 저희가 어렸을 때 일찌감치 아버지와 헤어지고 혼자 삼형제를 키우셨습니다. 아무 기술도 없는 여성이 서울에서 아들 셋을 키우려니 막막했고, 방도를 찾다 결국 시작하신 게 독서실이었습니다. 자영업을 하신 거죠. 마침 1997년 말에 IMF가 터졌습니다. 임대료 몇 달 밀렸더니 건물 주인이 용역들을 동원해서 독서실 집기를 다 들어내 버렸습니다. 온 가족이 말 그대로 거리에 나앉았죠. 우여곡절 끝에 젊었을 때 따둔 공인중개사 자격증으로 겨우 부동산 사무실 하나 내셔서 가족들을 다시 모았지만 요즘 같은 부동산 경기에 사무실 유지하는 것도 얼마나 힘들지는 대략 짐작하실 수 있으실 겁니다.

저는 그런 생각을 해봅니다. ○○○ 소장님이 말씀하신 것처럼 대한민국이 '비정규직도 살 만한 세상'이었다면 저희 형들의 인생은 어땠을까? 중소기업이나 자영업자도 성공할 수 있는 '시장 사다리'가 작동했다면 우리 어머니의 인생은 달라질 수 있었을까? 그런데 이런 사정은 저희 가족만의 이야기는 아닐 것입니다. IMF 이후 김대중, 노무현, 이명박 정부를 거치며 진보와 보수의 기득권 세력들이 자기 밥그릇 지키기와 사익 극대화에만 몰두한 사이에 우리 사회에서 소외되고 힘없이 살아온 약자들의 보편적인 이야기일 것입니다.

저는 이거 하나는 확실히 말할 수 있습니다. 저희 형제 같은 사람들이 결혼할 수 없는 사회라면 대한민국에 미래는 없습니다. 저출산 고령화는 점점 더 심해지고, 인구는 줄어들고, 대한민국이라는 정치 공동체의 존립 자체가 어려워질 것입니다. 문자 그대로 나라가 망할 것입니다.

○○○ 소장님의 《2013년 이후》는 이런 문제를 해결하자고 하는 책입니다. 그리고 진보와 보수 모두 기득권을 내려놓고 대한민국이 나아가야 할 새로운 플랫폼을 찾아보자고 역설하고 있습니다. 또한 ○○○ 소장님의 책은 마키아벨리가 《로마사 논고》에서 말한 개혁의 어려움을 잘 보여주고 있습니다.

개혁으로 인해 피해를 보는 사람은 소수이고 강력하게 조직된 반면, 개혁의 수혜자인 전 국민은 광범위하게 흩어져 있습니다. 그래서 진보, 보수 모두의 진영 논리를 거부하는 ○○○ 소장님의 주장은 실현하기가 정말 어려울 것입니다. 이는 마치 조선왕조의 병폐를 개혁하려고 했던 조광조나 율곡 이이의 시도가 결국 실패한 것과 마찬가지입니다. 율곡 이이의 십만 양병설도 동인과 서인의 진영 논리 속에서 결국 사장되고 말았지 않습니까?

하지만 저는 올해가 대선과 총선이 있는 해라는 점에서 희망을 찾아봅니다. ○○○ 소장님의 이 책이 단순히 도서관에 꽂힌 책 한 권으로 끝나는 것이 아니라 민주당이든 안철수의 제3세력이든 세상을 진정으로 바꾸고자

하는 사람들의 바이블이 될 것이라는 희망입니다. 저는 대한민국에서 정치한다는 사람이라면 누구나 이 책을 읽고 토론해봤으면 합니다.

　비판도 할 수 있고 더 좋은 대안을 내놓을 수도 있겠지만, 이 책에 기반한 토론 자체가 우리 정치권의 지적 수준과 정책 역량을 한 단계 끌어올릴 거라고 생각합니다. 그리고 진보는 진보를, 보수는 보수를 성찰하는 계기가 될 것입니다. 그리고 그 덕에 올해 말이나 내년쯤에는 저희 형제들도 늦장가를 갈 수 있는 세상이 오기를 기대해보겠습니다. ○○○ 소장님의 건승과 《2013년 이후》가 대박 나길 진심으로 기원합니다. 감사합니다!

　내 연설을 마지막으로 출판기념회는 끝이 났다. 무대에서 내려온 나는, 청중들이 나를 보는 눈빛이 내가 무대에 올라갈 때와는 백팔십도로 바뀐 것을 느낄 수 있었다. 행사가 끝나자 내 앞으로 명함을 요청하는 사람들이 줄을 서기 시작했다. 나이가 지긋했던 한 청중은 내 손을 잡고 "꼭 한번 밥을 사고 싶으니 연락하라"며 자신의 명함을 쥐여줬다. 나를 초청해준 저자 또한 훌륭한 축사였다며 내 연설을 칭찬했다. 그는 이 축사의 내용을 주제로 함께 팟캐스트 대담을 해보자는 제안을 했고, 그 대담은 《결혼불능세대: 투표하고, 연애하고, 결혼하라》라는 공저의 출간으로까지 이어졌다.

　사실 내 축사는 오바마의 2004년 전당대회 연설의 형식을 차용한 것이었다. 내게 오바마의 연설 스타일을 알려준 이는 최욱림이라는 대학 후배였다. 영어 실력이 뛰어난 욱림이는 평소 오바마의 팬을 자처하며 그의 연설을 자주 챙겨 듣는 편이었고, 그 덕분에 내가 운영하는 작은 독서모임에서 이를 소개하는 특강을 한 적이 있었다. 마침 그 시기가 내가 축사를 준비하던 즈음이라 그 스타일을 한번 적용해

본 것이다.

결과는 대성공이었다. 평생 한 번도 제대로 된 연설을 해본 적 없던 내가 오바마의 연설 스타일과 구성을 차용한 것만으로도 큰 호응을 이끌어낸 것이다. 당시 내가 했던 축사 영상은 지금도 유튜브에서 볼 수 있다. 물론 지금 보면 다소 서툴고 어색하다. 하지만 누구나 자신만의 스토리로 성공적인 연설을 할 수 있다는 사실을 확인한 것만으로도 나에게는 커다란 수확이었다.

첫 키스의 기억이 강렬한 것처럼 첫 연설의 기억도 강렬하다. 오바마에게도 그런 첫 연설의 기억이 있었다. 오바마가 《담대한 희망》을 내기 전에 펴낸 《내 아버지로부터의 꿈》이란 첫 번째 자서전에 이런 이야기가 나온다.

대학 시절 아직 20대였던 오바마는 남아프리카 공화국의 인종 차별에 반대하는 집회를 조직하는 일에 동료들과 함께 참여했다. 그의 역할은 집회에 맨 처음 나가서 연설을 하는 것이었다. 그리고 연설 도중 군복을 입은 백인 학생 두 명이 나타나서 그를 끌어내리기로 약속이 되어 있었다. 남아프리카 공화국의 거리 한 모퉁이에서 벌어지는 일을 간단한 연극으로 극화한 것이었다. 그의 기록을 직접 살펴보자.

"연단에 올라갈 때까지도 그런 생각들이 머리에서 떠나지 않았다. 잠시 동안 가만히 서 있었다. 태양이 보였다. 점심 식사를 마친 뒤 삼삼오오 모여서 제각기 자기 일을 하는 떠들썩한 수백 명의 군중이 보였다. 몇몇 학생들은 잔디밭에서 플라스틱 원반을 던지며 놀았고, 그 모습을 구경하는 학생들도 있었다. 하지만 다들 곧 강의실로 혹은 도서관으로 뿔뿔이 흩어질 참이었다. 나는 마이크를 잡았다. 그리고 연설을 하기 시작했다.

"누군가 투쟁하고 있습니다."

내 말소리는 앞에 앉은 사람들에게밖에 들리지 않았다. 몇몇 사람들이 나를 바라보았다. 나는 사람들이 조용해질 때까지 기다렸다가 다시 똑같은 말을 한 번 더 했다.

"누군가 투쟁하고 있습니다!"

원반을 던지던 학생이 동작을 멈추고 나를 바라보았다.

"이 투쟁은 바다 건너에서 일어나고 있습니다. 하지만 여기 있는 우리 모두, 모든 사람의 투쟁이기도 합니다. 그 투쟁을 우리가 알든 모르든, 우리가 원하든 원하지 않든 말입니다. 이 투쟁은 우리에게 누구 편을 들 것인지 선택하라고 요구합니다. 우리가 선택해야 할 것은 흑인 편이냐 백인 편이냐가 아닙니다. 부자의 편이냐 가난한 사람의 편이냐가 아닙니다. 이런 게 아닙니다. 훨씬 더 어려운 선택입니다. 존엄성이냐 굴종이냐 하는 것입니다. 정의냐 불의냐입니다. 실천할 것인가, 외면할 것인가! 옳은 편에 설 것인가, 아니면 부당한 편에 설 것인가!"

나는 말을 멈추었다. 사람들은 조용했다. 모두 나를 바라보고 있었다. 누군가 박수를 쳤다. "계속해 버락!" 또 누군가 외쳤다. "계속해라!" 그러자 다른 사람들도 박수를 치며 격려했다. 그 순간 나는 내가 그 사람들을 장악했고 그들과 나 사이에 어떤 끈이 연결되었음을 알았다. 나는 다시 마이크를 잡았다. 호흡을 가다 듣고 입을 열려는 순간, 누가 뒤에서 억센 손으로 내 팔을 잡았다. 물론 사전에 짜놓은 각본에 따른 것이었다. (중략) 나는 끌려가지 않으려는 연기를 하기로 되어 있었다. 하지만 나는 연기가 아니라 실제로 끌려가지 않으려고 발버둥을 쳤다. 내 목소리가 군중의 맨 뒤에까지 갔다가 박수로 되돌아오는 것을 듣고 싶었다. 게다가 아직 할 말이 너무도 많았다.

— 버락 오바마 저, 이경식 역, 《내 아버지로부터의 꿈》
랜덤하우스코리아, 2007, 195~6쪽

이것이 오바마가 대중 앞에서 한 첫 연설이었다. 나 역시 우연한 기회에 얻은 출판기념회 축사를 통해 이런 짜릿한 경험을 했다. 그 짜릿한 경험이 우리 인생에 어떤 영향을 주는지를 알기에 우리 청소년들에게도 자신의 목소리가 군중의 맨 뒤에까지 갔다가 그것이 박수로 되돌아오는 경험을 하도록 해주고 싶었다. 사회 여건상 이런 경험을 한 번도 해보지 못한 채 성인이 되어버리는 우리 청소년들의 현실이 너무나도 안타까웠다. 그래서 '대한민국 청소년 연설대전'이라는 행사를 기획했다.

청소년 연설대전에 참가한 아이들의 연설은 모두 본인 동의하에 영상으로 유튜브에 올라간다. 참가비용은 무료다. 돈이 없어도 말은 누구나 할 수 있고 말은 누구에게나 평등하다. 무대에서 말을 해본 아이들은 적어도 자신이 한 이야기는 평생 기억할 것이다. 그리고 분명 그 기억이 그들의 인생을 바꿀 것이다. 이젠 당신의 차례다. 지금부터라도 나만의 연설문을 써라.

오바마처럼 연설하고 노무현처럼 공감하라

초 판 1쇄 발행 | 2020년 2월 27일
개정판 1쇄 발행 | 2024년 1월 8일

지은이 윤범기
펴낸이 이은성
편 집 구윤희, 김다연
디자인 이다래
펴낸곳 필로소픽

주 소 서울시 종로구 창덕궁길 29-38, 4-5층
전 화 (02) 883-9774
팩 스 (02) 883-3496
이메일 philosophik@naver.com
등록번호 제2021-000133호

ISBN 979-11-5783-329-0 03340

필로소픽은 푸른커뮤니케이션의 출판 브랜드입니다.